KB147701

세시풍속과
전통예술

세시풍속과 전통예술

이재곤 저

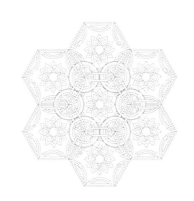

(주)백산출판사

머리말

한 나라의 민족성과 문화를 알려면, 먼저 그 민족의 세시(歲時)에 따른 풍속을 알아야 한다. 세시풍속은 역대(歷代)를 지나면서 자연 발생 또는 이웃 나라에서 유입되어 조상 대대로 전승된 전통문화로서, 그 안에는 민족성이 잠재(潛在)되어 있기 때문이다.

그러나 20세기에 이르자 일제(日帝)의 민족문화 말살정책에 이어 6.25전쟁을 겪은 뒤 서양문물이 물밀듯 들어왔으며 그 뒤 사회환경의 변화, 농기계의 발달, 농촌인구의 도시 집중화 등의 여러 발달요인으로 인하여 면면히 이어져 오던 우리 전통의 세시풍속은 사라지고 있다.

이에 필자는 선인들이 남긴 문헌들을 참고하여 세시풍속과 즐겨 썼던 월별 이칭(異稱), 그리고 명절이면 음악과 무용 등으로 즐기던 우리 전통예술로 나누어 집필하였다.

세시풍속의 경우 각 명절의 유래와 풍속, 놀이 등에 대해 기술하였으며, 계간지 『글의 세계』에 연재했던 것을 보충하여 실었다. 월별 이칭은 여러 고전을 참고하여 그달에 어울리는 멋있는 이름을 지어 써왔다. 이제 사라져가는 그 이름들을 월별로 간추려 명칭에 따른 설명을 간략하게 곁들여 서술하였다.

전통예술의 경우 문학·음악·연극·무용·회화·조각 등으로 광범위하나, 주로 음악·무용·연극 등 당시의 고단한 삶을 잊게 했던 유산(遺産)들로서, 각 예술의 이름에 따라 발생과 계보(系譜), 그리고 음률(音律)과 전승(傳承)한 예인(藝人)을 소개하였다. 또한 전통예술은 서울시에 거주하는 예인들을 중심으로 2002년에 서울특별시 시사편찬위원회에서 무형문화재(전통예술·전통공예) 해설을 청탁받아 쓴 글이다. 그중 전통공예는 제외하고 예술분야만 등재(登載)하였으며, 기능 보유자는 2003년 기준임을 밝힌다.

　끝으로 출판 경영의 어려운 여건에도 불구하고 본서를 간행해 주신 인제(寅製) 진욱상(秦旭相) 회장님과 편집부 여러분께 감사의 말씀을 전한다.

2021년

시흥 寓居에서

李在崑 識

목차

제1장

사라쳐가는
세시풍속

제1장

사라져가는 세시풍속

세시풍속이란 그 날짜가 되면 연중행사로 되풀이하는 관습(慣習)을 말한다. 예로부터 세시(歲時), 세사(歲事) 또는 월령(月令), 시령(時令) 등으로 표기해 왔다. 어원(語原)을 살펴보면 세(歲)는 연(年)으로서 천체(天體)의 운행(運行)에 따라 생산하는 주기가 있으며 그에 따라 노동사고(勞動思考)를 알려주고, 시(時)는 시간과 같은 뜻으로 시기를 의미한다.

우리 문화는 농경문화로서 시기(時期)를 계절이라 하여, 사계절로 구분하고 있다. 따라서 사계절마다 농경에 있어서 우주 자연의 이치에 따라야 할 준칙(準則)이 있는데 이것이 시령이다. 그러므로 세시풍속을 시령 또는 월령이라 한 것으로 생각된다.

우리 선인(先人)들은 우주 자연을 음(陰)과 양(陽)으로 구분하고 음양의 주기가 반복하는 변화에 따라 생활에 순응해 왔다. 달(月)은 음, 해(日)는 양에 해당되어 달과 해의 끊임없는 상호작용에서 우주 삼라만상(森羅萬象)이 생성(生成)되고 인간 사회가 이룩된다고 생각하였으며, 여기서 달력(月曆)이 나왔고 이 달력을 통해 자연의 물리적 시간변화를 인지(認知)하였다. 따라서 세시풍속은 달의 변화와 관계가 있다. 1일을 하루해라 하고 1개월을 달이 차고 기우는 주기성(週期性)으로 헤아렸다. 즉 달의 삭망(朔望)과 상하현(上下弦)으로 보아 만들어진 것이 음력이며 여기서 세시풍속이 생겼다.

다시 말해서 1년을 4등분한 것이 춘하추동(春夏秋冬) 4계절이며, 1년을 12등분한 것이 달의 영휴(盈虧)에서 만든 것이며, 1년을 24등분한 것이 24절기(節氣)로 입춘(立春) 입하(立夏) 입추(立秋) 입동(立冬)의 사립(四立)과 춘분(春分) 추분(秋分)의 2분(二分)과 하지(夏至) 동지(冬至)의 이지(二至)를 중심으로 24절기의 이름을 만들어 역(曆) 속에 넣었다. 이를 통해 절기에 맞추어 미리 농사 준비를 하게 되었으며, 절기는 매년 되풀이되어 농경생활에도 일정한 리듬을 불어넣어 주었고, 설, 대보름, 단오, 추석 등의 명절을 넣음으로써 농민들의 활력소가 되었다.

우리나라는 국토가 좁고 일찍부터 중앙집권체제가 이루어졌기 때문에 세시풍속도 전파(傳播)작용을 일으켜 그 지역만의 고유한 것은 비교적 적은 편이다.

이제 서양문물이 들어오고 농경사회에서 첨단과학시대로 바뀜에 따라 세시풍속도 사라져가고 있다. 이에 사라져가는 세시풍속을 월별로 서술해 보고자 한다.

설

1) 설의 의의

설은 음력 정월 초하룻날로, 이날을 설날, 원일(元日), 원단(元旦), 원조(元朝), 세수(歲首), 세초(歲初), 연두(年頭), 연수(年首), 연시(年始), 정조(正朝), 신일(愼日) 등의 여러 이름으로 불렀으며 근대에 와서는 신정(新正)으로 일컬어지는 양력설의 상대개념으로 구정(舊正)이라고도 하며 대부분 설날이라 부른다.

설을 신일이라 한 것은 삼가라는 뜻으로 새해 첫날부터 잘못되면 1년 동안 일이 잘못될까 염려되었기 때문으로 생각되며, 특히 쥐날(子日), 용날(辰日), 말날(午日), 돼지날(亥日)은 조심해야 한다는 뜻으로 붙여진 명칭이라고도 하며, 달도(怛忉)란 말도 있는데 근심하고 슬퍼하고 금하고 꺼린다는 뜻이 있다. 설은 "섧다"는 뜻에서 유래되었다는 말이 있다. 해가 지남에 따라 늙어가는 것이 서글퍼서 나온 말에서 유래되었다는 속설도 있다.

2) 설날 풍속

조선시대에는 한식, 단오, 추석과 더불어 4대 명절의 하나였으며, 신라시대에는 시조 묘에 제사 지내고 정월에 죄수를 방면했다 하며, 고려시대에는 천지신과 조상신에게 제사 지내고 관리들에게 7일간 휴가를 주었고 신하들은 왕에게 예(禮)를 올렸으며 왕은 잔치를 베풀었다는 기록이 있다. 조선시대에는 새해 인사, 연하장 보내기, 부적(符籍) 붙이기, 십장생(十長生) 등의 세화(歲畵) 보내기 등에 대한 기록이 문집 등 여러 문헌에 나온다. 설을 비롯한 우리나라 세시풍속은 고려시대부터 정착된 것으로 볼 수 있다.

설날은 섣달그믐부터 시작된다고 할 만큼 그믐날 밤에는 잠을 자지 않는데 이를 수세(守歲)라고 한다. 잠을 자면 눈썹이 센다는 속신(俗信)이 있다.

세배(歲拜)는 새해 첫날을 맞이하여 집안 어른께 큰 절로 인사드리는 것으로, 윗사람에게 의례적(儀禮的)으로 행하는 예(禮)이며 조상께 새해를 맞이하였음을 알리는 의례이다. 세배하면 떡국이나 술을 내놓았으며 아이들에게는 세뱃돈이라 하여 약간의 돈을 주었다. 섣달그믐날에도 한 해를 잘 보내시라는 뜻으로 인사하는 것을 묵은세배라 한다. 세배할 때 주고받는 말을 덕담(德談)이라 하는데 다가오는 일에 대한 축원을 뜻한다. 또 대접하기 위해 마련한 음식을 세찬(歲饌)이라 하고, 술을 세주(歲酒)라고 하며, 아랫사람이 윗사람에게 세배하러 갈 때 준비해 가는 것도 세찬 또는 세주라고 한다.

설날 아침에는 조상에게 제사를 지내는데 이를 차례(茶禮)라 한다. 설 다례는 떡국을 올리는 것이 특징이다. 멥쌀가루를 쪄서 안반 위에 놓고 메로 쳐서 매끄럽게 한 다음 가래떡을 만든다. 이 떡을 가래떡 백병(白餠) 또는 거모(擧摸)라 하는데, 떡 골비라고도 한다. 이 가래떡을 동전처럼 썰거나 어슷하게 썰어서 떡국거리로 준비한다. 요즘은 쌀가루만 가지고 방앗간에 가면 기계화되어 가래떡이 나오지만 1960년대만 해도 세모(歲暮)가 되면 집집마다 떡메소리가 골목에 퍼져 즐거운 명절 분위기를 자아냈다. 설 차례는 조상에 대한 세배로서 정조다례(正朝茶禮)라고도 하고 떡국을 올린다고 하여 떡국차례라고도 한다. 차례가 끝나면 음복(飮福)을 하는데 장유유서(長幼有序)의 순서에 따라 종족(宗族)의 항렬 순으로 음식을 골고루 맛보게 한다. 특히 떡국은 세식(歲食)으로서 먹는데 이것은 나이와 관련된 종교적인 음식으로 인식된다.

1970년대까지만 해도 농촌에서는 정월 초하루에서 7일까지를 정초라 하여 노동을 하지 않았으며, 점세(占歲) 초복(招福) 제액(除厄) 등의 의례적인 행위를 관행(慣行)하였다. 각 가정에서는 정월 첫 장날이 되면 복조리를 사서 문 앞에 걸어 두고 작년에 걸어 두었던 복조리는 내려서 사용하기도 했으며, 또 어린 손자 손녀에게는 비단으로 곱게 만든 복주머니를 채워주기도 했다.

정초에는 한 해의 운수를 알아보기 위해 토정비결(土亭秘訣)을 볼 줄 아는 사람을 찾아 일 년 신수를 보기도 했으며, 윷가락을 던져서 신수를 점치기도 하였다.

설날 새벽에 까치 소리를 들으면 길조이고 까마귀 소리를 들으면 불길하다고 생각했으며, 정초에 널을 뛰면 발에 무좀이 생기지 않는다고도 한다. 또 섣달그믐 무렵부터 시작된 연날리기는 정월 대보름 전후까지 하였는데 대보름이 되면 액연(厄鳶)이라 하여 연에 송액(送厄) 또는 송액영복(送厄迎福)이라는 글자를 써서 멀리 날려 보내기도 하였다.

정초에 무당이나 마을의 유식한 어른에게 올해 삼재(三災)가 들었는지를 알아보았으며 만약 삼재가 든 해이면 액운(厄運)을 막기 위해 응삼우(鷹三羽)를 그려서 출입문 위에 붙이는 삼재면법(三災免法)이 있었다. 처음 짐승의 소리를 듣고 일 년의 운수를 점치는 청참(聽讖), 머리를 깎아 그때그때 버리지 않고 모아 두었다가 설날 저녁 불에 태우는 원일소발(元日燒髮), 중앙과 지방의 조관(朝官)과 그 부인의 나이가 70세 넘는 이에게 쌀과 고기와 소금을 주어 장수(長壽)를 축하하고 위로하는 상치세전(尙齒歲典), 승려가 정초에 속세(俗世)에 내려와 집집을 방문하여 염불(念佛)을 하고 북을 치는 법고(法鼓) 등의 풍속이 이어져 왔다.

또 정초 십이지일(十二支日)을 유모일(有毛日)과 무모일(無毛日)로 나누었다. 정월 초하루가 유모일, 곧 털 있는 날이면 그해에는 풍년이 들고 무모일이면 흉년이 든다고 하며, 유모일 가운데서도 소, 토끼, 호랑이날이 특히 좋다고 하는데 털을 곡식의 성장에 비유한 것이다.

3) 설의 수난(受難)

1910년 일제(日帝)가 나라를 강제점령한 뒤부터 양력 1월 1일을 설로 정하고 양력과세(陽曆過歲)를 강요하자 이때부터 구정(舊正)과 신정(新正)이라는 말이 생겨났다.

그 뒤 설은 광복 후 1950년대부터도 정부의 이중과세(二重過歲) 금지로 다시 수난을 맞았다. 그러나 민족의 얼은 이어져 당국의 금지에도 불구하고 구정(설)이 성행되었음을 당시 언론기사에서 엿볼 수 있다.

그 많은 명절 가운데도 설날이 으뜸이니 지난 구정의 서울 거리는 때때옷으로 울긋불긋하였고 새배꾼들의 명주바지도 이른 아침부터 바쁜 걸음들이었다. 차례도 모시고 떡국도 끓여 먹고 갖은 편 유과, 감주, 수정과도 먹고 土亭秘訣도 들쳐보고…(한국일보, 1955년 1월 26일자)

이처럼 천년이 넘도록 겨레와 함께 내려온 이 설은 우리 선인(先人)들의 체취가 스며있어 우리들의 생활 감정 속에까지 깊이 뿌리를 박고 있다. 그러나 이 소중한 명절이 태음력(太陰曆)에 얽매여 있다는 이유로 당시 당국에서는 신생활운동(新生活運動)을 내걸고 양력단일과세(陽曆單一過歲)를 권장했던 것이 당시의 현실이었다. 그러나 국민생활의 흐름을 대변하여 구정의 허락을 호소하는 당시 언론기사가 계속 이어지고, 또 오랜 풍속의 영향으로 구정 명절을 쇠는 사람이 많아지자 정부에서는 1985년 1월 21일부터 민속의 날이라 하여 휴무일로 정했으며, 1988년부터 다시 설이라는 명칭이 복구되었다. 1991년부터 신정 휴일을 3일에서 2일로 줄이고, 1999년부터 신정 휴일을 1일로 하고 설 연휴는 3일로 하여 오늘에 이른다.

4) 정초의 풍속

정월 첫 번째 자일(子日)은 쥐의 날로 이날은 쥐의 번식을 막기 위한 예방법으로 콩을 볶으면서 "쥐 주둥이 지진다" 하고 주문을 외웠으며 쥐가 곡식 먹는 것을 방지하기 위해 백사(百事)를 금하고 놀았다.

첫 번째 축일(丑日)은 소의 날로 어떠한 노역(勞役)도 소에게 시키지 않고 잘 먹인다. 그러나 솥 안에 놋그릇을 넣어 음식을 데워 먹으면 소가 큰 연장에 다친다고 해서 금하였다.

첫 번째 인일(寅日)은 호랑이의 날이라 하여 부녀자들은 외출을 금하기도 하였다.

첫 번째 묘일(卯日)은 명사일(命絲日)이라 하여 실을 뽑아서 남편의 의복을 하면 명(命)이 길고 무병(無病)하다고 하며, 또 주머니 끝에 '명실'이란 실을 찼는데 이날이 토끼날이기 때문에 일명 '톳실(兎絲)'이라고도 하였으며, 이날은 남자가 먼저 일어나 대문을 열었으며 여자가 집에 먼저 들어오는 것을 꺼렸다.

첫 번째 해일(亥日)은 돼지 날이라 하여 이날은 팥가루로 피부를 문지르면 살결이 희고 고와진다고 한다. 돼지가 살결이 검고 거친데 그 반대의 뜻으로 이러한 풍속이 생긴 것이다.

첫 번째 진일(辰日)은 용(龍)의 날이라 하며 용이 우물에 내려와 알을 시른다 하여 부녀자들이 다투어 새벽에 물을 긷는다. 이것은 용이 시른 알을 건져다 남편을 먹이면 무병장수하고 그해는 비가 잘 내려 풍년이 든다고 하며, 또 부녀자들이 머리를 빗으면 머리가 용처럼 길어진다고 하여 머리를 빗는다. 그러나 사일(巳日), 곧 뱀의 날은 머리를 빗거나 이발을 하면 뱀이 집에 들어온다고 하여 이를 금했다.

첫 번째 유일(酉日)은 닭의 날이라 하여 이날은 바느질을 하지 않았다. 이날 바느질을 하면 손발이 닭의 발처럼 된다는 데서 온 풍습인데 정초부터 바느질하는 것은 부지런함을 의미하는 것이 아니고 게을러서 보름에 입을 옷을 마련하지 못했다는 훈계에서 생긴 것으로 볼 수 있다.

두 번째 인일(寅日)은 7일로 이날은 외박(外泊)하지 않았다. 나그네가 와서 묵고 가면 연중 불운이 든다고 한다. 그래서 부득이 나그네가 묵을 때에는 주인과 나그네가 서로 거꾸로 누워서 잔다. 그리하면 불운(不運)도 들지 않고 우정도 지속된다고 한다.

정초는 간지일(干支日)마다 이러한 여러 가지 금기(禁忌)가 따랐다. 이 풍습은 1970년 이전까지도 있었으나 이제는 세대에 따라 옛이야기로 받아들여지고 있다.

입춘(立春)

1) 입춘의 뜻

입춘은 24절기 중 첫 번째 절기로, 태양의 황경(黃經)이 315도일 때이며 이날부터 봄이 시작된다. 입춘은 대한(大寒)과 우수(雨水) 사이에 있는 절기로 양력으로는 2월 4일경에 해당하며 음력으로는 주로 정월에 드는데 정월과 섣달에 거듭 드는 때가 있다 이 경우 재봉춘(再逢春)이라 한다. 입춘 전날은 사철의 마지막이라는 뜻인 절분(節分)이라고도 하며 이날 밤을 해넘이라고도 하는데 콩을 방이나 문에 뿌려 귀신을 쫓아내고 새해를 맞이하였다고도 한다.

2) 입춘 풍속

(1) 춘축(春祝) 붙이기

입춘은 새해 첫 번째 절기이므로 각 가정에서는 기복적(祈福的)인 행사로 입춘축(立春祝)을 대문과 문설주에 붙인다. 입춘축을 춘축, 입춘서(立春書), 입춘방(立春榜), 춘방(春榜) 등 여러 이름으로 부른다. 입춘축은 글씨를 쓸 줄 모르는 사람은 남에게 부탁하여 써서 붙이기도 한다. 특히 입춘이 드는 시각에 맞추어 붙이면 좋다고 하며 상중(喪中)에 있는 집에서는 붙이지 않는다. 입춘축은 대개 가로 15cm 내외, 세로 70cm 내외의 한지에 쓰는 것이 일반적이다. 그 밖에 한지를 마름모꼴로 세워 '龍'자와 '虎'자를 크게 써서 대문에 붙이기도 한다.

입춘축은 대구(對句), 대련(對聯), 단첩(單帖: 단구로 된 첩자) 등 대개 문구(文句)가 정해져 있으며 붙이는 곳에 따라 내용이 다르다. 큰방 문 위, 마루의

양쪽 기둥, 부엌의 두 문짝, 곳간의 두 문짝, 외양간의 문짝에 붙이는 입춘축은 각각 다르다. 대문에 붙일 때는 '入'자 형태로 마주 보게 붙인다. 대련은 기둥이나 문설주에 많이 썼고 단첩은 문이나 문설주에 주로 붙였다.

입춘날 입춘시(立春時)에 입춘축을 붙이면 굿 한 번 하는 것보다 낫다고 한다. 전북에서는 입춘축 붙이는 것을 춘련(春聯) 붙인다 하고 이를 붙이면 독경(讀經)하는 것보다 낫다고 한다.

(2) 맥근점(麥根占)

『열양세시기(洌陽歲時記)』에 의하면 맥근점이라 하여 농가에서는 입춘날 보리 뿌리를 캐어보아 그해 농사의 풍흉을 점치는데 보리 뿌리가 세 가닥 이상이면 풍년이고 두 가닥이면 평년이고 한 가닥이면 흉년이 든다고 하였다.

경기도 여주, 시흥, 인천에서는 입춘 때 보리의 중간 뿌리가 다섯 뿌리 이상이면 풍년이 들고 다섯 뿌리가 되지 못하면 흉년이 든다고 한다. 충남에서는 입춘날 오곡(五穀)의 씨앗을 솥에 넣고 볶아 먼저 솥 밖으로 튀어나오는 곡식이 그해 풍작이 된다고 하였다.

입춘날 날씨가 맑고 바람이 없으면 그해 풍년이 들고 눈이나 비가 오고 바람이 불면 흉년이 든다고 한다.

3) 입춘굿

관청이 주관하여 치렀던 굿으로 일제(日帝) 말기까지 각 지역에서 행해졌다. 특히 제주도의 입춘굿은 각지 무당이 모여들 정도로 규모가 컸으며 놀이가 곁들여진 행사였다. 그 진행절차를 대략 살펴보면 다음과 같다.

- 입춘 전날 수심방(首巫覡 : 우두머리 남자무당)이 관덕정(觀德亭)이나 동헌(東軒)에서 전야제를 치른다. 입춘날에는 호장(戶長)이 관을 쓰고 나와 목우(木牛 : 나무로 만든 소)에 쟁기를 맨다. 무당들은 목우를 끌며 그 앞에는 갖가지 악기를 든 사람들과 탈을 쓴 기장대, 엇광대, 빗광대, 초란광대, 갈채광대, 할미광대 등이 나가고 어린 기생들이 북, 장구, 징 등의 악기를 울리면서 호장을 호위하며 관덕정 앞마당에 이른다. 호장은 무당들을 집집에 보내어 곡식을 얻어오게 하고 그 곡식의 여문 상태를 보거나 보리를 뽑아오게 하여 뿌리를 보고 농사의 풍흉을 점쳤다.

 객사(客舍)에 와서 수심방이 주문을 외운다. 일동은 다시 동헌에 이르러 호장이 쟁기와 따비를 잡고 밭 가는 시늉을 하면 한 사람은 탈에 긴 수염을 단 농부로 꾸미고 오곡의 씨앗을 뿌리며, 한 사람은 새털과 같은 그림을 그린 옷을 입고(새털로 꾸민 옷을 입기도 함) 곡식을 쪼아 먹는 새 시늉을 한다. 이때 여자 가면을 쓴 두 사람이 씨앗 싸움을 하고 남자 가면을 쓴 두 사람이 나타나 싸움을 말리는 척한다. 이 광경을 지켜보던 제주목사가 그들 앞으로 다가가 술과 담배를 권하며 이어서 관(官), 민(民)이 어우러져 흥겨운 마당이 벌어진다. 다시 관사에서 놀고 나서 호장은 물러가고 무당들은 관덕정에 이르러 북과 장구를 치면서 춤을 추다가 마지막으로 초감제본풀이를 외우고 태평과 풍년을 기원한다.

이 굿거리는 농사짓는 과정을 흉내 냄으로써 풍농을 기원한 것으로, 주로 관에서 주관하였다.

4) 입춘 음식

입춘 때의 절식(節食)은 햇나물과 무침이다. 경기도의 산이 많은 양평, 가평, 포천, 연천, 지평, 삭녕 등 여섯 고을에서는 멧갓, 움파, 승검초(당귀) 등 햇나물을 눈 속에서 캐어 조선시대 궁중에 진상하였고, 궁중에서는 이것을 겨자와 함께 무치는 생채요리인 오신반(五辛盤)을 만들어 수라상에 올렸으며, 민간에서도 절식으로 먹었다.

멧갓은 눈이 녹을 때 산속에서 자라는 개자(芥子)로, 더운물에 데쳐서 초장에 무쳐 먹으면 매우니, 고기를 먹은 뒷맛이 좋다고 하였다. 움파는 겨울에 움속에서 기른 누런 파로 동총(冬蔥), 동파, 황파라고도 하는데 줄기를 베고 난뒤 다시 줄기가 나오는 파이다. 승검초는 움에서 기르는 당귀의 싹이다. 오신(五辛)은 다섯 가지 매운맛을 말하는데 절에서는 파, 마늘, 부추, 달래, 흥거(興渠, 무릇)를 오신채(五辛菜)라 하여 냄새나고 부정한 것으로 여겨 육류식품과 더불어 금기식품으로 다루고 있다.

눈 속에서 갓 돋아난 햇나물을 입춘절식으로 먹은 것은 겨울 동안의 비타민

부족을 보충하기 위한 우리 조상들의 지혜이다.

춘축문

대련(對聯)을 보면

立春大吉 建陽多慶(입춘대길 건양다경)

봄이 오니 크게 길한 징조이며/ 볕이 서니 경사가 많을 것이다.

天下太平春 四方無一事(천하태평춘 사방무일사)

천하가 태평한 봄이요/ 사방에 일이 없도다.

父母千年壽 子孫萬代榮(부모천년수 자손만대영)

부모님은 오래오래 사시고/ 자손들은 대대로 번영하리라.

掃地黃金出 開門萬福來(소지황금출 개문만복래)

땅을 쓰니 황금이 나오고 문을 여니 만복이 오도다.

壽如山富如海 去天災來百福(수여산부여해 거천재내백복)

수는(목숨은) 산과 같고 부는(재물은) 바다와 같으며/ 천재는 물러가고
백복이 온다.

愛君希道泰 憂國願年豊(애군희도태 우국원년풍)

임금을 사랑하는 도가 태평함을 바라는 것이며/ 나라를 걱정함은 풍년을

원하는 것이다.

堯之日月 舜之乾坤(요지일월 순지건곤)

요임금의 해와 달이요/ 순임금의 하늘과 땅이다.

國有風雲慶 家無桂玉愁(국유풍운경 가무계옥수)

나라에는 풍운 같은 경사가 있고/ 집안에는 아무 근심이 없다.

天上三陽近 人間五福來(천상삼양근 인간오복래)

천상에는 삼양이 가깝고/ 인간에는 오복이 오도다.

災從春雪消 福逐夏雲興(재종춘설소 복축하운흥)

재앙은 봄눈 따라 사라지고/ 복은 여름 구름 따라 일어난다.

北堂萱草綠 南極壽星明(북당훤초록 남극수성명)

북당에는 훤초(부모)가 푸르고/ 남극에는 수성이 밝다.

鳳鳴南山月 麟遊北嶽風(봉명남산월 인유북악풍)

봉황은 남산 달 아래서 울고/ 기린은 북악의 바람에 놀도다.

天增歲月人增壽 春滿乾坤福萬家(천증세월인증수 춘만건곤복만가)

하늘은 세월을 더하고 사람은 수를(목숨을) 더하며/ 봄은 하늘과 땅에

가득하고 복은 집집이 가득하다.

門迎春夏秋冬福 戶納東西南北財(문영춘하추동복 호납동서남북재)

문에는 춘하추동 복을 맞이하고/ 지게에는 동서남북의 재물을 거둔다.

단첩(單帖)을 보면

和氣自生君子宅(화기자생군자택)

화평한 기운은 군자 집에서 생긴다.

春光先到吉人家(춘광선도길인가)

봄빛은 좋은 사람 집에 먼저 이른다.

春到門前增富貴(춘도문전증부귀)

봄이 문 앞에 이르니 부귀를 더한다.

一春和氣滿門楣(일춘화기만문미)

한 봄의 화한 기운이 문미에 가득하다.

上有好鳥相和鳴(상유호조상화명)

위에는 좋은 새가 있어 서로 화답하며 운다.

一振高名滿帝都(일진고명만제도)

한 번 떨친 높은 이름은 장안에 가득하다.

대구(對句)

國泰民安 家給人足(국태민안 가급인족)

나라는 태평하고 백성은 편안하며/ 집안은 흡족하고 사람은 풍족하다.

雨順風調 時和年豊(우순풍조 시화년풍)

비는 순하게 내리고 바람은 순조로우며/ 시절은 화평하고 해마다 풍년 든다.

門神戶靈 呵噤不祥(문신호령 가금불상)

문에는 신이며 집에는 영인데/ 상서롭지 못한 것을 막는다.

칠언(七言)으로 된 대구(對句)를 더 보면

一勤天下無難事(일근천하무난사)

百忍堂中有泰和(백인당중유태화)

한결같이 부지런하면 천하에 어려움이 없고

여러 번 참는 집안에는 태평과 화목이 있다.

江山如畫知文士(강산여화지문사)

風月無私慰寂寥(풍월무사위적요)

강산이 그림 같으니 문사는 알아주고

풍월은 사사로움 없어 적적함을 위로하네.

桐千年老恒藏曲(동천년로항장곡)

梅一生寒不賣香(매일생한불매향)

오동나무는 천년을 늙어도 항상 좋은 곡조 간직하고

매화는 일생이 차가워도 향기를 팔지 않는다.

山中好友林間鳥(산중호우림간조)

世外淸音石上泉(세외청음석상천)

산중의 좋은 벗은 숲 사이 새요

세상 밖에 맑은 소리는 돌 위에 흐르는 샘물일새.

事不三思終有悔(사불삼사종유회)

人能百忍自無憂(인능백인자무우)

일은 세 번 생각하지 않으면 끝에는 후회가 있고

사람은 능히 백 번 참으면 스스로 근심이 없다.

道心靜似山藏玉(도심정사산장옥)

書味淸於水養魚(서미청사수양어)

도 닦는 마음은 고요하기가 산에 옥을 간직한 것 같고

책 읽는 맛은 맑은 물에 고기 기르는 것보다 낫다.

竹密不妨流水過(죽밀불방유수과)

山高豈礙白雲飛(산고기애백운비)

대숲이 빽빽해도 물 흐르는 데 방해가 되지 않으며

산이 높다고 어찌 흰 구름 나는 것을 막겠는가.

人誰敢侮修身士(인수감모수신사)

天下能窮力穡家(천하능궁력색가)

사람이 누가 감히 수신하는 선비를 모독할 것이며

하늘은 능히 힘써 거두는 집을 궁핍하게 않는다.

동제(洞祭)

1) 동제의 의의

동제는 그 마을의 공동신앙으로서, 수호신(守護神)을 숭배의 대상으로 신앙하면서 마을의 무병(無病)과 풍년을 기원하기 위해 제사를 지내는 의식이다.

2) 동제의 유래

동제의 유래는 아득히 먼 옛날 부족국가 시대부터 그 부족 내의 질병·재앙·외침(外侵) 등 각종 어려움에 봉착되었을 때 그 마을의 공동신앙으로서 대상을 정하여 신앙하면서부터 단합의 수단으로 안과태평(安過泰平)의 방법으로 행해져 왔기에 신성시되고 있다.

3) 동신(洞神)의 형태

마을의 수호신으로 모셔진 동신은 보편적으로, 산신(山神)·성황신(城隍神, 서낭신)·부군신(府君神)·용신(龍神)·장군신(將軍神)·국수신 그리고 장승·솟대 신앙 등으로 볼 수 있다.

동 제당은 대체로 동구(洞口) 초입에 동신을 모신 제당이 있으며, 그 주위에는 소나무 또는 느티나무 등 울창한 수목이 둘려 있다. 또 장승이나 솟대가 있는 마을도 있었으나 현재는 거의 인멸(湮滅)되고 마을 제당과 산신당·서낭당만이 남아 있을 뿐이다.

지역에 따라 차이가 있다. 즉 서울 동신을 신격(神格)별로 보면 부군신이 가장 많고 다음이 도당(都堂)이다. 도당이란 도읍의 당이라는 뜻으로, 서울·경기지방 외에서는 찾아볼 수 없으며, 신격은 산신이다. 그 밖에 군왕이나 장군을 모시는 왕장당(王將堂)·불당(佛堂) 등이 있다.

지방의 동신을 모신 신당(神堂)의 형태는 신수(神樹)에 당집이 복합된 형태가 많고, 신수가 죽으면 당집만 남아 있는 형태도 많으며, 신수만 있는 곳도 있다. 또 수구(水口) 막이 신앙으로, 돌을 쌓아 올려 탑만 있는 형태 등 여러 유형이 있으나 보편적으로 신수에 당집이 복합된 형태이다.

4) 동제의 시기와 절차

동제의 시기는 지방마다 관례에 따라 봄·가을로 제(祭)를 올리는 곳도 있으나 대체로 음력 정월 14일 자정을 기해서 지내는 경우가 통례이다. 그러나 해안 어촌마을은 풍어제(豊漁祭)나 용신제(龍神祭)·별신(別神)굿의 경우는 특별히 날을 잡아서 행한다. 서울의 경우는 1월·3월·7월·10월 등으로 마을마다 차이가 있다.

동신제의 절차는 제의(祭儀) 21일, 15일, 또는 3~4일 전에 마을 회의를 열고 생기복덕(生氣福德)을 보고 부정(不淨)이 없는 제관을 뽑는다. 제관은 헌관(獻官)·축관(祝官)·집사(執事) 등의 3인 정도이고 초헌관은 도가(都家)가 되어 제수(祭需) 일체를 준비한다. 제관은 선출된 날로부터 목욕재계하며 금기(禁忌)가 시작되는데 언행(言行)을 삼가며, 부부간 한방에 들지 않는다. 도가에는 금줄을 치고 황토를 깔고 사람들의 출입을 금한다. 또 마을의 샘물도 깨끗이 청소하고 금줄을 치고 황토를 깔고 사람들의 접근을 금하며, 새로 고인 물을 길어다 제주(祭酒)를 빚는데 이를 '조라'라고 한다. 조라라는 제주는 담가서 제당(神堂) 안에 두기도 한다.

제일(祭日)이 되면 도가에서 장만한 제수를 지게로 운반하여 신당의 제단에 진설한 다음 헌(獻)·독축(讀祝)·소지(燒紙) 순으로 제의를 진행하고 음복(飮福)하는 것으로 제의를 마친다. 그날 밤 동민들이 제당에 모여서 음복하기도 하지만 참례할 수 없는 제관도 있으므로 이튿날 아침 도가에 모여 복주(福酒)도 하고 제물을 나누어 먹는다.

　서울 용산구 용문동에서는 남이(南怡) 장군을 동신으로 모시는데 4월 1일, 7월 1일, 10월 1일에 당제를 지내며, 3년마다 4월 1일에 당굿을 한다. 당굿은 15일 전 동회(洞會)를 열어 화주(化主) 12명을 선출하고 그날부터 걸립(乞粒)을 한다. 걸립꾼은 호적·징·꽹과리·장구·북·소고 등으로 구성되어 민가와 상점에 들어가 한판 울린다. 당굿은 무당이 당 앞에서 주당(周堂) 살(煞)을 가리고 부정(不淨)을 친 다음 유가(遊街)하는 순서이다. 호남지역에도 일부 마을에서는 도가에서 제물을 나를 때 매구(꽹과리)를 치며 신당 주위를 돈다. 영남 동해안에서도 별신굿 또는 풍어제 때 당제를 지내며, 안동 하회마을의 별신굿은 유명하다.

그러나 현재 농촌에는 젊은이가 없어 제수 준비도 불가능하고 제관이 없다. 따라서 경북 영덕의 일부 마을에서는 마을 근처 사찰에 동제를 위임하고 있다.

마을 제당은 길복(吉福)의 혜시자(惠施者)로, 재화(災禍)의 책벌자(責罰者)로서, 신성시(神聖視)되어 왔지만, 시대의 변화와 농촌인구의 고령화와 인구 감소(減少), 제당(祭堂)의 폐허 등으로 동제는 사라져가고 있다.

대보름

1) 대보름의 이칭(異稱)

대보름이란 음력 정월 15일로서, 한 해의 첫 번째 보름이다. 14일을 작은 보름이라 한 데서 큰 보름, 곧 대보름이라 부르며 상원(上元)·원소절(元宵節)·원석(元夕)·등절(燈節)·제등절(提燈節)·오기일(烏忌日)·달도(怛忉) 등 여러 이름으로 불렀다.

상원은 7월 15일인 중원(中元)과 10월 15일인 하원(下元)과 함께 삼원절(三元節)이라 했으며 도교(道敎)에서는 중요한 명절로 생각한다.

원소란 원석이라고도 하는데 대보름날 밤을 다르게 부르는 말이며 등절, 제등절이라 한 것은 대보름날 밤 관등놀이를 했기 때문에 붙여진 이름이다. 또이날 아침에 까마귀 제삿날, 곧 까마귀에게 보은하기 위해 찰밥을 짚 꾸러미에 싸서 나뭇가지에 걸어 두기도 하였으므로, 오기일 또는 슬프다는 뜻의 달도라고도 불렀다.

2) 유래

『삼국유사(三國遺事)』「기이(紀異) 사금갑조(射琴匣條)」에 의하면 신라(新羅) 비처왕(毗處王, 炤智王) 10년(488) 정월 15일에 왕이 천천정(天泉亭, 또는 天柱寺)에 거동하였을 때 까마귀와 쥐가 와서 울더니 쥐가 사람의 말을 하여 "까마귀의 가는 곳을 찾아보라" 하였다.

왕이 기사(騎士)에게 명하여 까마귀 뒤를 쫓게 하였다. 남쪽 피촌(현 경주 남산 동쪽 기슭)에 이르러 돼지 두 마리가 싸우는 것을 보다가 까마귀의 간 곳을 잊어 길가에서 헤매고 있었다. 이때 한 노인이 못 가운데서 나와 글을 올렸는데 겉봉에 "이 봉투를 떼어보면 두 사람이 죽고 안 떼어보면 한 사람이 죽는다"라고 씌어 있었다. 기사가 돌아와서 왕에게 드리니 왕이 말하기를 "두 사람이 죽을진대 차라리 떼어보지 않고 한 사람만 죽는 것이 옳다"라고 말하자 일관(日官)이 아뢰기를 "두 사람은 백성이요 한 사람은 왕입니다" 하였다. 왕이 그렇게 여겨 떼어보니 그 글에 "사금갑(射琴匣, 거문고 갑을 쏘라)"이라 쓰여 있었다. 왕이 곧 궁궐로 들어가 거문고 갑을 쏘았다. 그 갑에는 내전(內殿)에서 분수(焚修 : 분향수도)하는 중이 궁주(宮主 ; 妃嬪)와 간통을 하다가 두 사람이 죽임을 당했다. 이로부터 매년 정월 15일을 오기일(烏忌日)이라 하여 찰밥으로 제사 지냈는데 지금까지도 이 풍속이 남아 있다. 『이언(俚言)』에는 이것을 달도라 하는데 슬퍼하고 근심해서 모든 일을 금기(禁忌)한다는 뜻이라 하였다.

이때부터 대보름이 되면 찰밥을 먹는 풍속이 있었다고 유득공(柳得恭, 1749~?)은 『경도잡지(京都雜志)』에 기술하고 있다.

3) 풍속

대보름날 대표적인 행사는 동제(洞祭)이다. 이 마을제는 자정, 곧 15일 새벽에 행사하는데 마을 주민들의 안녕을 위한 마을 공동제로서 마을의 재액 소멸과 편안을 위하고 화합을 다지는 데 목적이 있다.

제명(祭名)은 동제 당제(堂祭) 등이 일반적이지만 지방에 따라 서울에는 도당(都堂), 경기 · 충청지방에는 산제당 산신당, 강원도에는 서낭당(성황당), 경상 · 전라도에는 동제당 당산, 제주도에는 본향당 등으로 지방마다 명칭은 다르지만 근원과 목적은 같다. 동제는 축문(祝文)을 읽는 유교적 정숙형이 제일 많으며, 해안지역의 어촌에서는 서낭굿을 하기도 한다.

이날 아침에 귀밝이술이라고 하여 데우지 않고 찬술을 한 잔 마시면 귀가 밝아지고 일 년 내내 좋은 소식만 듣는다고 하며 일명 이명주(耳明酒) 또는 명롱주(明聾酒)라고도 한다.

또 날밤(生栗)이나 볶은 콩 호두 잣 땅콩 등을 먹는데 이를 부럼(腫果)이라 하며, 아이들은 "부스럼 먹자" 하면서 나이 수대로 깨물기도 한다. 깨물 때 "일 년 동안 부스럼이 나지 않게 해달라"고 기원하는 것을 '부럼 깬다'거나 작절(嚼癤)이라고도 하며, 치아를 튼튼하게 하는 방법, 곧 고치지방(固齒之方)이라고 한다.

보름날 아침에 친구를 만났을 때 급히 불러 대답을 하면 "내 더위 사가라"고 하는데 이것을 더위팔기라고 하였다. 이렇게 더위를 팔면 그해에는 더위를 먹지 않는다고 한다. 그래서 아무리 꾀를 내어 불러도 대답하지 않았다. 또 가지고지(가지말랭이), 외꼭지, 시래기 등을 말려 두었다가 삶아서 먹으면 더위를 먹지 않는다고 한다.

오곡(五穀)으로 밥을 지어 나누어 먹는데 『동국세시기』에는 제삿밥을 나누어 먹는 옛 풍속을 답습한 것이라 하였다. 이날은 밥 아홉 사발을 먹고 삼실 아홉 광주리를 삼고 나무 아홉 짐을 하면 일 년 내내 배가 부르다고 한다. 또 세 집 이상의 타성(他姓) 밥을 먹으면 그해 운이 좋다고 하며, 아이들이 봄을 타서 살빛이 검고 야위면 보름날 백 집의 밥을 빌려다가 절구를 타고 개와 마주 앉아 개에게 한 숟갈 먹이고 아이에게도 한 숟갈 먹이면 병이 고쳐진다고 하는데 이것을 백가반(百家飯)이라 하였다. 이날 개에게 밥을 먹이면 여름에 파리가 꾀고 마르기 때문에 (또는 까마귀는 도둑을 알렸는데 개는 도둑을 지키지 못했기 때문에) 개에게는 밥을 주지 않는다고 한다. 속담에 "개 보름 쇠듯 한다"는 말이 있다. 반면 소에게는 오곡밥을 쇠죽에 섞어주고 소가 쌀을 먼저 먹으면 쌀 풍년, 콩을 먼저 먹으면 목화 풍년이 든다는 말이 있으며, 외양간 앞에 상을 차리고 일 년 내내 소가 일 잘해 주기를 빌기도 하였다.

작은 보름날(14일) 짚을 묶어서 깃대 모양으로 만들고 벼, 기장, 피, 조 등의 이삭을 넣고 목화를 장대 위에 달고 그것을 집 곁에 세운 다음 새끼를 늘어뜨려 고정시키고 아이들이 장대를 돌면서 노래를 부르기도 하는데 이것을 볏가릿 대, 또는 화적(禾積), 화간(禾竿)이라 한다. 또 농가 거름 틈이나 마당에 수수깡으로 쟁기 등의 농기구와 벼, 보리 등 오곡을 만들어 꽂았다가 달이 뜬 뒤, 또는 보름날 아침에 타작을 하는데 이것을 가농작(假農作), 내농작(內農作) 농사놀이 등으로 불렀다.

보름날 새벽에 우물물 한 그릇 긷는 것을 용알 뜨기 또는 노룡자(撈龍子)라 하였으며, 이날 새벽에 첫 닭이 열 번 이상 울면 그해에 풍년이 든다는 "닭 울음 점" 또는 계명점(鷄鳴占)이 있었다. 또한 과실나무 가지 사이에 둥근 돌을 끼워 두면 과실이 많이 열린다고 하는데 이것을 "과실나무 시집보내기" 또는 '가수(嫁樹)'라고 하였다. 또 연(鳶)에 이름 나이와 함께 몸의 액을 없애라는 글자를 써서 저녁에 연줄을 끊어버리면 그해의 액을 물리친다고 하는데 이것을 '액막이연'이라 한다.

보름날 저녁 동산이나 남산 등 높은 곳에 올라 달맞이를 하는데 달빛이 붉으면 올 한 해 가뭄 징조이고 희면 장마가 질 징조이며 달의 사방이 짙으면 풍년, 옅으면 흉년이 들 징조라 하며 보름달을 보고 소원을 빌기도 하였다.

4) 절식(節食)

• 오곡밥 : 찹쌀, 차수수, 팥, 차조, 콩 등 다섯 가지 이상의 곡식을 섞어 지은 밥 이다. 또한 찹쌀, 팥, 밤, 대추, 검은콩 등을 섞어 짓는 찰밥이 있고, 찹쌀, 밤,

꿀, 잣 등을 섞어 찐 약식(藥食, 藥飯)이 있는데, 약식은 신라의 옛 풍속이라 한다.

- 귀밝이술 : 이명주 또는 명롱주라 한다. 『동국세시기』에 의하면 청주 한 잔을 데우지 않고 마시면 귀가 밝아진다고 하였다. 즉 찬술을 마시면 정신이 맑아지고 일 년 동안 귓병이 생기지 않으며 한 해 동안 기쁜 소식을 듣게 된다고 한다. 영춘(迎春)의 뜻으로 연초에 마시는 도소주(屠蘇酒)와 함께 사기(邪氣)를 물리치고 장수한다는, 곧 제화초복(除禍招福)의 뜻이 있다.

- 묵나물(陳菜食) : 박나물, 버섯, 고사리, 호박고지, 가지고지(가지말랭이), 무시래기 등 햇볕에 말린 묵은 나물을 삶아 볶아 먹으면 그해 여름에 더위를 먹지 않는다고 전해오고 있으며 이 나물을 진채식 또는 보름에 먹는 나물이라 하여 상원채(上元菜)라고도 한다.

- 부럼 : 보름날 아침에 밤, 잣, 호두, 땅콩 등을 깨물어 먹으면서 "일 년 열두 달 동안 무사태평하고 종기나 부스럼이 나지 않게 해주십시오" 하고 축수하는데 이것을 이 굳히기(固齒之方)라고도 한다.

- 복쌈 : 참취, 나물, 배추잎, 김 등으로 밥을 싸 먹는 것을 복쌈 또는 박점(縛 占)이라 하는데 성주신에게 먼저 올린 다음 먹으면 복이 온다고 한다.
- 금기(禁忌) : 이날 아침에 밥을 물에 말아 먹거나 바다의 생파래를 먹으면 밭에 잡초가 무성해진다고 한다. 또 김치를 먹으면 물 쐐기에 쏘여서 고름 이 든다고 하며, 찬물이나 눌은밥, 고춧가루를 먹으면 벌이나 벌레에 쏘인 다 하여 먹지 않았다.

5) 놀이

- 달집 태우기 : 대나무로 기둥을 세운 다음 솔가지 장작 등으로 덮고 동쪽으 로 문을 만든다. 달집 속에는 짚으로 달을 만들어 걸고 겉에는 각자 소원 을 종이에 적어 달집에 달기도 한다. 보름달이 뜨면 풍물을 치고 태운다.
  달집이 잘 타면 풍년, 도중에 꺼지면 흉년, 타면서 넘어지는 쪽에 풍년이 든다고 하며, 달집 속의 대나무가 타면서 터지는 소리와 불길이 각종 부정 (不淨)과 재앙을 소멸시켜 준다고 한다. 달집을 태울 때 헝겊을 걸거나 먼 저 불을 지르면 아이를 잘 낳는다고 하며 논에서 달집을 태우면 농사가 잘 된다고 하며, 달집 사르기라고도 한다.
- 지신(地神)밟기 : 농악대가 집집을 돌면서 지신을 달래고 복을 비는 놀이 로, 마당 밟기 또는 매귀(埋鬼)라고도 한다.
  선두에 "農者天下之大本"이라 쓴 기를 앞세우고 그 뒤에 농악대가 따르고 사대부(士大夫), 포수 등으로 분장한 행렬이 따른다. 먼저 서낭당 앞에서 지신풀이를 하고 마을로 내려와 집집을 차례로 돌면서 지신을 밟고 사례로 받은 금품 등은 마을 공동사업에 썼으나 지금은 사라져가고 있다.
- 횃불싸움 : 보름날 저녁 횃불을 가지고 노는 놀이로, 동서 두 편으로 나누

어 달이 오를 때에 맞추어 농악대가 악기를 울리면 홰에 불을 붙이고 함성을 지르며 상대편과 싸우는데 횃불로 서로 때리고 넘어뜨리면서, 항복하는 자가 많은 편이 지게 되며 횃불이 꺼지면 싸움도 끝난다.

그 밖에 윷놀이, 연날리기, 줄다리기, 널뛰기, 제기차기, 종경도(從卿圖)놀이 등이 있고 지방에 따라 차전놀이, 고싸움, 쇠머리대기, 다리밟기(踏橋), 놋다리밟기 등 여러 종류의 놀이가 있다.

영등날(靈登日)

1) 영등의 의의

음력 2월 초하룻날을 영등 할머니를 맞이하는 날이라 하여 영등날이라 하며 영등신(靈登神)을 대상으로 지내는 제사를 영등제(靈登祭)라 한다. 영등신은 비바람을 일으키는 신이므로 영등제를 풍신제(風神祭)라고도 하며 이 신을 맞이하는 의례를 영등맞이라고 한다.

이 신은 농경과 어로 등 생업에 큰 영향을 주는 바람을 관장하는 여신(女神)으로서, 하늘나라에서 인간세상으로 내려오는 이월 초하룻날을 가리켜 지역에 따라 영동할머니날, 영둥날, 바람님 오는 날, 이월 밥해 먹는 날, 풍신날 등 여러 이름으로 부른다.

2) 유래

한 지방의 유래이다. 경북 청도에서는 경산 하양의 정영등이라는 사람이 고용살이하다 죽은 뒤 주인이 제사를 지내주었더니 그해 풍년이 들게 해주었다고 한다. 이 일이 생긴 뒤 마을 전체로 전파되어 정영등을 모시는 날이라 하여 영등날이 되었다고 한다.

홍석모(洪錫謨)의 『동국세시기(東國歲時記)』에 의하면 영남지방에서는 집집마다 신에게 제사하는 풍속이 있는데 이를 영등이라 하며 신이 무당에게 내려서 동네로 돌아다니면 사람들은 다투어 이를 맞아 즐긴다. 이달 초하루부터 사람을 꺼려 만나지 않는데 이렇게 하기를 15일 또는 20일까지 간다는 기록이 있으며, 조선 성종(成宗) 때 편찬된 『동국여지승람(東國輿地勝覽)』「제주 풍속조」에 보면 2월 1일에 귀덕(歸德 : 한림) 금녕(金寧 : 구좌읍) 등지에는 목간(木竿) 12개를 세우고 신을 맞아 제사했으며 애월리(涯月里) 사람들은 떼배에 말머리 모양을 만들고 채색된 비단으로 꾸민 약마희(躍馬戲 : 말 뛰기 놀음)를 하여 신을 즐겁게 하였다. 이 행사는 15일에야 끝나는데 이것을 연등(燃燈)이라 하였으며 이달에는 승선(乘船)을 금한다고 하였다. 이 지방에는 2월 1일부터 15일까지 12개의 막대기를 세우고 연등신을 맞아 제사 지내는데 이것을 연등제(燃燈祭)라 하였다. 그러나 지방에 따라 2월 1일에 내려왔다가 3일에 올라간다고도 하며, 또 제주도의 영등 하르방은 정월 말일에 제주도 동쪽에 있는 소섬으로 들어와서 2월 초하루에는 한림읍 한수리(翰水里) 영등당에 와서 제(祭)를 받고 그 뒤 3일간 섬을 일주하며 해산물을 증식시켜 준 뒤 묘일(卯日)이나 축일(丑日)에 돌아간다고 한다.

3) 내용

영등 할머니는 풍신으로 천계(天界)에 살고 있다가 이월 초하룻날 딸 또는 며느리를 데리고 지상(地上)에 내려와서 머물다가 15일 또는 20일에 다시 하늘나라로 올라간다고 한다.

영등 할머니가 인간 세상에 내려올 때 두 딸을 데리고 오면 일기도 온화하고 걱정하는 일이 없지만 며느리를 데리고 오면 일기도 불순하고 일대 풍파가 일어난다고 한다. 이것은 딸의 분홍치마가 바람에 나부껴 보기 좋으라고 날씨가 온화하며, 며느리를 데려올 때는 며느리 치마를 비바람으로 얼룩지게 하기 위하여 영등 할머니가 심술을 부리는 것이라 한다. 일설에는 며느리와 함께 오면 풍년이 들고 딸과 함께 오면 흉년이 든다고도 한다. 이와 같이 영등 할머니는 바람과 농작물의 풍흉(豊凶)과 관계되는 농신(農神)의 성격을 띠고 있다.

(1) 금기(禁忌)

영등 할머니가 인간 세상에 머무는 동안 여러 가지 금기가 있다.

영등 할머니를 맞이하기 위하여 황토를 파서 문 앞에 뿌리고 오색 헝겊을 사립문에 매달아 부정한 사람의 출입을 금한다. 또 문도 바르지 않고 고운 옷을 입는 것도 삼간다. 쌀을 집 밖으로 내지 않으며 논밭갈이도 하지 않는다. 영등 할머니가 머무는 동안은 거센 바람으로 난파선이 생기므로 어부들은 출어를 삼간다. 어촌에서는 대부분 이월 초하룻날을 큰 명절로 여긴다.

(2) 영등 물 뜨기

이월 초하룻날 닭이 울기 전 새벽 일찍 영등 할머니께 올릴 우물물을 먼저 길어오는 풍속으로, 주부들은 마을 공동우물에서 떠온 물을 장독대에 떠놓고 영등 신에게 비손을 하기도 한다. 닭이 울기 전은 성(聖)의 세계이며 닭이 운 뒤는 속(俗)의 세계이기 때문에 닭이 울기 전에 떠오려는 것이다.

새벽에 우물물을 먼저 길어가는 집은 그해 재수가 좋고 소원성취할 수 있다고 믿었다. 떠온 물은 북쪽을 향해 놓고 비손을 하며 이 물로 영등 할머니께 올릴 음식을 장만하기도 한다.

(3) 바람 점(風)

풍신인 영등 할머니가 지상으로 내려오는 날과 등천(登天)하는 날에 바람 부는 것을 보고 풍흉을 점치는, 곧 바람 점으로 내려오는 초하룻날, 지상에 머무는 열이튿날, 그리고 등천하는 스무날에 점을 친다. 점은 이날 비가 오면 풍년이 들고 바람이 불면 흉년이 든다고 믿고 있다.『동국세시기』에도 이날 비가 오면 풍년이 들고 조금 흐려도 길하다고 했으며 정학유(丁學遊)의『농가월령가

(農家月令歌)』2월령에서도 "스무 날 음청(陰晴)으로 대강은 짐작 나니" 하였다.

부산지방에서는 초하룻날 바람이 많이 불면 그해 풍해(風害)가 있고 비가 오면 그해 수해(水害)가 있다고 했으며 전남 무안과 진도에서는 12일에 바람이 불고 20일에 비가 내리면 그해 시절이 좋다고 하였다.

음력 2월은 본격적으로 농사에 임하는 달이므로 농가에서는 2월 기후 변화가 그해의 풍흉과 관계된다고 믿어 풍점이 있었던 것으로 생각된다.

(4) 제주 칠머리당굿

제주시 건립동 칠머리당에서는 매년 음력 2월 1일과 14일에 본향당인 칠머리당에서 굿을 하는데 영등신을 주신(主神)으로 하는 영등굿으로 어부와 해녀의 해상안전과 어업의 풍요를 비는 굿으로 짜여 있다. 이 굿은 영등굿과 해녀굿의 기본이 되는 용왕맞이, 풍어굿인 영감놀이 등 마을의 본향당 굿의 복합구성으로 이루어져 있으며 제주의 대표적인 영등굿이다. 따라서 이 굿은 계절제로서 바람의 섬 제주도에 남아 있는 영등굿의 뿌리가 되는 굿이다.

4) 각 지방 사례

강원도 평창에서는 풍신이 내려온다 하여 정월 그믐날 저녁에 초가지붕의 용마루에 세모꼴로 끝이 뾰족한 청기를 만들어 꽂기도 하고 이월 초하룻날 아침에 남자들은 마당에 서서 풍신제를 지낸다. 경북 선산, 성주에서는 아침 일찍 장독대에 정화수를 떠놓고 헝겊조각을 달아 제단을 만들고 잡곡밥과 나물을 차려놓고 주부가 비손을 하며 집안의 태평을 빈다. 영덕에서는 장독대에 정화수를 떠놓고 어촌에서는 풍랑이 없도록 용왕에게 기도하고 제사하는 풍속이 있으며, 전북에서는 이월 초하룻날 비가 오면 "비 영등 드린다"라고 하며, 바람이 불면 "바람 영등 드린다"라고 하여 밥을 하고 보리 뿌리를 캐서 부엌에 놓고 색색의 헝겊조각을 대나무에 꽂아놓고 지낸다. 충남 금산에서는 2월 할머니를 잘 위하지 않으면 동티가 난다 하여 정성껏 위한다.

농경과 어로 같은 전통 생업에서는 바람과 비가 생존과 직결되는 것이었다. 특히 영등날은 농한기의 마지막 명절로서 영등 할머니를 잘 위하여 농사의 풍년과 어로의 안전과 풍요, 그리고 가정의 안녕을 기원했다. 시대가 변천되고 과학이 발전됨에 따라 이 순박한 풍속들은 이제 찾아볼 수 없을 정도로 사라져 가고 있다.

삼진날(三辰日)

1) 삼진날의 의의

음력 3월 3일로, 우리 조상들은 양수(陽數)가 겹치는 날을 명절로 정하였다. 즉 1월 1일, 3월 3일, 5월 5일, 7월 7일, 9월 9일 등이다. 이날들은 양수가 겹치는 날로 양기(陽氣)가 왕성한 날로 생각하였기 때문이다. 삼진날을 삼진일, 삼중일(三重日), 중삼일(重三日), 삼삼일(三三日), 상사일(上巳日), 원사일(元巳日), 계음일(禊飮日), 상제(上除), 답청일(踏靑日), 삼샛날, 제비 오는 날, 또는 여자의 날이라고도 했으며, 삼질이라 했다는 설도 있다.

이날은 3이 둘 겹쳤다 하여 삼중일 또는 중삼일이라 하였으며, 음력 3월의 첫째 사일(巳日)이라 하여 원사일이라 하였고 계음일은 이날 액막이로 술을 마신다고 하여 붙여진 이름이며 상제는 이날 물에 더러운 것을 씻어내는 날이라 하며, 답청절은 푸른 들판에 나가 새 풀을 밟으며 봄을 즐긴다는 뜻에서 붙여진 이름으로 답백초(踏百草)라고도 하며, 삼샛날은 양수가 겹친 날이라 하여, 중삼일과 같은 뜻이다. 제비 오는 날은 9월 9일 강남 갔던 제비가 이날 돌아오는 날이라 하여 봄의 시작을 알리는 길한 날로 생각하였으며, 여자의 날은 화전놀이 등 여자들이 중심이 되어 행사하기 때문에 붙여진 이름이다.

2) 삼진날의 유래

삼진날은 중국에서 유래되었으며 신라(新羅)시대부터 전해 온 풍속으로 조선시대에는 크게 유행하였다. 김매순(金邁淳)의 『열양세시기(洌陽歲時記)』에는 "조선 중엽부터 사대부(士大夫) 중에서 예를 숭상하는 사람이 많아 시제(時

祭)를 중시하였는데 대체로 가난하여 사시의 시제를 지내는 이는 드물고 춘추 2회 즉 봄의 삼짇날과 가을의 중양절에 지내는 이가 많다"고 하였다.

홍석모(洪錫謨)의 『동국세시기(東國歲時記)』에는 "진달래꽃을 따다가 찹쌀가루에 반죽하여 둥근 떡을 만들고 그것을 기름에 지진 것을 화전(花煎)이라 했다. 또한 녹두가루를 반죽하여 익힌 것을 가늘게 썰어 오미자(五味子)국에 띄우고 꿀을 섞어 잣을 곁들인 것을 화면(花麵)이라 했으며, 녹두로 국수를 만들어 붉은색으로 물들이기도 했다. 이것을 꿀물에 띄운 것을 수면(水麵)이라 하는데 이것들은 시절음식으로 제사에 쓴다"고 하였다.

3) 삼짇날의 풍속

산과 들에 꽃이 피기 시작하는 삼짇날이 되면 산으로 놀러 가는데 이를 화전놀이, 화류놀이, 꽃놀이 또는 꽃 다림이라 하며 대개 유유상종, 즉 젊은이는 젊은이들끼리, 부인들은 부인들끼리 무리를 지어가서 화전을 비롯한 음식을 먹으면서 하루를 즐겼다.

이날 꽃을 찾아 날아드는 나비를 보고 점을 치기도 하는데 노랑나비나 호랑나비를 제일 먼저 보면 소원이 이루어지고 좋다고 하나 흰 나비를 먼저 보면 부모의 상(喪)을 당하게 되는 흉조(凶兆)라 생각하였다.

경남지방에서는 바람 점을 보는데 이날 오전에 바람이 불면 초장(初場)에 삼(麻)값이 비싸고 오후에 바람이 불면 파장에 삼값이 비싸다고 한다. 또 이날 바람이 불면 삼농사가 잘되지 않고 비가 오면 콩과 팥이 잘되지 않는다고 하였다.

삼짇날 머리를 감으면 머릿결이 윤기가 나며 부드러워진다고 믿었다. 또 동유수(東流水)에 몸을 씻으면 일 년간 재액을 떨어버린다고 하였다.

또 자식을 두지 못한 부녀자는 산신(山神), 암석, 성황당, 산신(産神), 사찰 등 여러 곳에 가서 기도하였다. 충북 진천(鎭川)지방에서는 삼짇날부터 초파일 사이에 부녀자들이 무당을 불러 산신당 등에 가서 굿을 하고 사찰에서 빌기도 하였다.

경북 고령, 문경에서는 3월의 첫 뱀날이 삼짇날이 되었다는 말이 전해지고, 달성, 군위, 의성, 영덕에서는 이날 장을 담그면 맛이 좋다고 했다. 칠곡에서는 이날 호박을 심으면 잘 된다고 하며, 영천에서 춘경제(春耕祭)를 지냈다고 한다.

전북 군산, 익산에서는 삼짇날 조상에게 시제(時祭)를 지냈는데 이를 시사(時祀)라 했으며, 전남지방에서는 삼짇날 제비를 맞이하기 위하여 제비집을 손보기도 했으며 이날 당제(堂祭)를 지내는 곳도 있었다.

충남지방에서는 삼짇날 머리를 감으면 머리카락이 윤기가 나고 아름다워진다고 하여 부녀자들이 머리를 감았다고 한다.

제주도에서는 까마귀가 새끼를 한 마리 치면 가뭄이 오고 두 마리를 치면 농사가 괜찮다고 하며, 세 마리를 치면 물이 넘쳐 흉년을 면치 못한다고 한다. 농어촌에서는 꿩 알을 주워오면 공덕지물이라 하여 재수 좋다고도 하며, 다른 한편으로는 꿩 알을 주우면 재수 망친다고도 한다. 그 이유는 꿩은 천신(天神)으로 내려온 하늘 닭이니 잡아서는 안 된다고 생각하기 때문이라 하였다.

4) 삼짇날의 절식(節食)

(1) 화전(花煎)
꽃전 또는 두견전(杜鵑煎)이라고도 하는데 진달래 꽃잎을 따다가 씻은 다음 찹쌀가루에 버무려 둥글납작하게 빚어 참기름에 지진다.

(2) 화면(花麵)과 수면(水麵)

화면은 녹두가루를 반죽하여 익힌 것을 가늘게 썰어 오미자 국물에 띄운 뒤 꿀을 섞고 잣을 띄운 것이다.

수면은 진달래꽃을 녹두가루에 반죽하여 국수를 만들어 이것을 꿀물이나 오미자 국물에 띄운 것이다.

(3) 진달래화채

진달래꽃을 끓는 물에 잠깐 담갔다가 오미자 국물에 띄운 화채이다.

(4) 탕평채(蕩平菜)

녹말가루로 묵을 쑤어 가늘게 채 썰고 고기볶음, 미나리, 김 등을 섞어 초에 무친 것이다.

탕평채란 이름은 조선시대 당쟁(黨爭)이 심했을 때 여러 당파가 잘 협력하자는 탕평책의 의론을 펴는 자리에 녹두묵에 채소를 섞어 무친 음식이 나와서 붙여졌다고 한다.

(5) 삼월의 술

3월에 빚은 술에는 두견주(杜鵑酒), 도화주(桃花酒), 소국주(小麴酒), 송순주(松筍酒), 과하주(過夏酒) 등이 있다.

관서지방에서는 감홍로(甘紅露), 벽향주(碧香酒)가 유명했고, 해서지방에서는 이강주(梨薑酒)가, 호남지방에서는 죽력고(竹瀝膏), 계당주(桂當酒)가, 호서

지방에서는 노산춘(魯山春), 서향로(瑞香露)가 유명하였다. 사마주(司馬酒)는 넷째 오일(午日)에 거듭 빚은 술로서 변치 않는다고 한다.

5) 삼짇날의 놀이

삼짇날에는 전국 각지에서 활터에 모여 편을 짜서 활쏘기 대회(弓術大會)를 열었다. 활을 쏠 때는 기생들이 한량들 뒤에 나란히 서서 소리를 하여 기운을 북돋워준다. 화살 다섯 개가 과녁에 바로 맞으면 기생들은 북을 울리고 "지화자 지화자"라는 소리를 하면서 한바탕 춤을 춘다.

여자아이들은 각시놀이라 하여 헝겊조각으로 노랑 저고리와 붉은 치마를 만들고 대나무 쪽에 풀을 실로 매어 인형을 만든 다음 요, 이불, 베개, 병풍을 차려놓고 인형놀이를 하였다.

사내아이들은 버드나무 가지나 미루나무 가지를 꺾어 비틀어서 뽑아 껍질로 피리를 만들어 불고 다니면서 놀았다.

『동국여지승람(東國輿地勝覽)』에 의하면 강릉지방에서는 70세 이상의 노인들을 청해서 명승지에서 위로하는데 이를 청춘경로회(靑春敬老會)라 했으며 비록 종(奴)에 속한 천한 사람이라도 70세가 된 사람은 모두 모임에 나와 즐기도록 했다고 한다.

한식(寒食)

1) 한식의 의의

동지(冬至) 후 105일째 되는 날을 한식이라 한다. 그러나 103일 또는 106일이라는 말도 있다. 한식은 동지를 기준으로 하여 정해진 명절이므로 양력으로는 4월 5일이나 6일 무렵이다. 24절기 중 하나인 청명(淸明)과 같은 날이 될 수도 있다. 따라서 한식은 음력 2월에 들 수도 있고 3월에 들 수도 있다. 그러다 보니 2월 한식과 3월 한식을 구분하기도 한다. 2월에 한식이 들면 세월이 좋다고 하며, 3월에 한식이 들면 개사초(改莎草)를 하지 않는다고도 한다.

조선시대에는 설·단오·추석과 함께 4대 명절 중 하나였다. 이날은 불의 사용을 금하며, 찬 음식을 먹은 고대 중국의 풍습에서 시작되었다. 그래서 숙식(熟食)·냉절(冷節)·금연일(禁烟日), 또는 고초일(苦草日)·공마일(空魔日)이라고도 하였다.

냉절은 찬 음식을 먹는다는 뜻으로 숙식이라고도 하며, 금연일에는 연기를 피우지 않는다는 뜻으로, 곧 불을 피우지 않는다는 뜻이다.

고초일이란 한식날 씨를 뿌리면 싹이 잘 나지 않는다고 하여 붙여진 이름으로 고초일(苦焦日)이라고도 하는데, 파종을 금하였다. 홍만선(洪萬選)의 『산림경제(山林經濟)』에 소개된 고초일이 든 날을 보면 정월은 진일(辰日), 2월은 축(丑), 3월은 술(戌), 4월은 미(未), 5월은 묘(卯), 6월은 자(子), 7월은 유(酉), 8월은 오(午), 9월은 인(寅), 10월은 해(亥), 11월은 신(申), 12월은 사(巳)가 일진(日辰)에 든 날이라 하였다.

공마일이란 마(魔)가 끼지 않는 날이라는 뜻으로, 이날은 묘를 손질해도 뒤

탈이 없다고 하여 안심하고 사토(莎土)를 할 수 있었다고 한다.

2) 한식의 유래

중국 춘추시대 진(晉)나라에 개자추(介子推, 介之推, 介子綏)에 대한 설화가 있다. 개자추는 진(晉)나라 공자(公子) 중이(重耳)가 떠돌 때 19년 동안 극진히 모셨다. 중이가 진나라 문공(晉文公 : 기원전 636~628)으로 즉위하여 전날의 중신들을 포상하였으나 과거에 문공이 굶주렸을 때 스스로 허벅다리의 살점을 베어서 바쳤던 충신 개자추에는 포상하지 않았다. 개자추는 부끄럽게 여겨 노모를 모시고 면상(綿上)의 산속으로 들어가 숨어 살았다.

뒤늦게 깨달은 문공은 개자추를 등용하려 했으나 세상에 나오기를 거부하였다. 이에 문공은 산에 불을 지르고 개자추가 불을 피해 산에서 나올 것을 기다렸으나 뜻을 굽히지 않고 노모를 껴안은 채 불에 타 죽고 말았다. 문공은 개자추를 기리기 위해 이날은 불을 사용하지 않고 찬 음식을 먹는다는, 곧 한식이 되었다고 한다.

우리나라는 한식이 언제부터 명절이 되었는지 알 수 없으나 고려(高麗) 문종(文宗) 24년(1070)에 한식과 연등(燃燈) 날짜가 겹쳐서 연등을 다른 날로 바꾸었다는 기록으로 보아 고려 전기에 한식이 중요한 명절이었음을 알 수 있다. 한식에는 금화(禁火)와 성묘(省墓)의 풍습도 있었으며, 조선시대에는 세종 13년(1431)에 한식 3일 동안 불의 사용을 금지한다는 명이 내려진 일도 있었다.

3) 한식의 풍속

조선시대에는 내병조(內兵曹 : 대궐 안에서 시위(侍衛)나 의장(儀仗)에 관한 사무를 담당한 관청)에서 버드나무를 마찰하여 일으킨 불을 궁중에 있는 관청과 대신 집에 나누어주는 풍습이 있었다. 또 왕실에서는 종묘제향(宗廟祭享)을 했으며, 능묘를 보수하기도 하였다.

민가에서도 한식차례(寒食茶禮)를 지내고 산소를 보수하고 잔디를 입히는 등 개사초를 하였다. 『사례홀기(四禮笏記)』에 의하면 먼저 개사초 고제(改莎草告祭)를 드려 조상이 놀라지 않도록 하고, 다음 토지신(土地神)에게도 개사초한다는 사실을 알린 뒤에는 위안묘제(慰安墓祭)를 올려 조상의 안정을 찾도록 한다고 하였다.

최근에도 한식과 청명 때 산소를 돌보고 잔디를 입히는 풍속은 이어지고 있으나 이전 시대처럼 복잡한 절차는 생략하고 있다. 또 후손 없이 죽은 사람을 위해 마을 사람들이 이날 제사를 지내주었다.

한식날 날씨가 온화하면 풍년이 든다고 하며, 어촌에서도 고기가 많이 잡힌다고 한다. 그러나 바람이 불고 큰비가 내리면 시절이 좋지 못하다고 하며, 새벽에 천둥이 치면 그해 서리가 일찍 내리고 저녁에 천둥이 치면 늦게 서리가 온다고 한다.

또 나무를 심는데, 한식이 현재의 식목일과 겹칠 때가 있으므로 현재 식목행사로 이어지고 있다.

초파일(初八日)

1) 초파일의 의의

초파일은 음력 4월 8일로, 불교의 개조(開祖) 석가모니(釋迦牟尼)의 탄생일이며, 석탄일(釋誕日)·불탄일(佛誕日)·부처님 오신 날·욕불일(浴佛日)이라고도 한다.

기원전 623년 전 중인도 가비라국(迦毘羅國) 국왕 정반왕(淨飯王)과 구리성(拘利城) 선각왕(善覺王)의 누이인 마야(摩耶)부인 사이에서 실달태자(悉達太子)로 탄생하였으며, 종족은 석가, 성은 구담(瞿曇), 이름은 실달다(悉達多)로서, 태자 때의 이름이다. 석가모니는 석가족(釋迦族)의 성자(聖者)란 뜻이다. 12월 8일 가야산(伽耶山) 앞 보리수(菩提樹) 아래에서 대각(大覺)하였다고 한다. 또 석가여래의 여래(如來)란 진리(如)에 따라서 왔고, 진여(眞如)에서 현출(現出)한 이, 곧 불타(佛陀)를 말하며, 위 없는 높은 분이라고 하는 의미로 무상(無上)의 무상(無上), 즉 무상상(無上上)이라고도 한다.

불교에서는 석가 탄신일인 4월 8일, 석가 출가일(出家日)인 2월 8일, 열반일(涅槃日)인 2월 15일, 성도일(成道日)인 12월 8일을 불교의 4대 명절이라 하는데, 그중에서 초파일이 가장 큰 명절이다. 이날은 불자(佛子)가 아니어도 예로부터 민속 명절로 전승되어왔다. 이날은 연등(燃燈)행사와 관등(觀燈)놀이를 중심으로 갖가지 행사가 있다.

2) 연등회(燃燈會)

연등이란 등을 달고 불을 켜고 노는 놀이이다. 즉 정월 보름에 불을 켜고 부처에게 복을 빌며 노는 민속적 의식으로, 신라 진흥왕(眞興王) 12년(551)에 팔관회(八關會)의 개설과 함께 국가적 행사로 열게 되었다. 『삼국사기(三國史記)』「신라본기(新羅本紀)」에는 관등행사가 매년 정월 15일에 있었다는 기록이 있다. 이는 연례적으로 행해졌고 또 4월 8일 연등행사 외에도 민속적으로 전승되어 온 연등행사가 있었음을 알 수 있다. 이와 같은 민속적 연등행사가 불교적 연등행사와 합해져 초파일의 연등축제로 이어진 것이다.

고려(高麗)시대에는 태조(太祖)의 '훈요십조(訓要十條)'에 따라 연등회가 시행되었으며, 정월 보름에도 연등이 있었다. 『고려사(高麗史)』에 의하면 문종(文宗) 21년(1067)에는 흥왕사(興旺寺) 낙성을 계기로 연등회를 개설하였는데, 이때의 등화(燈火)를 빛의 성대함이 낮과 같이 밝다(光照如晝)고 하였다. 또 공민왕 때 신돈(辛旽)은 자기 집에 백만을 헤아릴 만큼 등을 달고 왕을 맞이했다고 한다.

이 풍습은 조선시대에도 전승되었으나 고려시대처럼 국가적인 연등회는

폐지되었으며, 민간의 세시풍속으로 이어졌다. 세종 때에는 사찰 외에서는 연등을 금하기로 했으나 민속적으로 지지하고 고양되어 본래의 의미와는 멀어진 채 경향 각지에서 성행하였다. 『동국세시기(東國歲時記)』에 의하면 등석(燈夕 : 밤에 등불을 켜는 것)을 수일 전부터 하였고, 민가(民家)에서는 등간(燈竿, 등대)을 세우고 장대 끝에 꿩의 깃으로 장식하고 비단으로 기를 만들어 세운다. 또 집안의 자녀 수대로 등불을 걸고 밝은 것을 길(吉)하다 하였는데 9일이 되면 끝낸다고 하였다.

3) 연등의 종류

연등의 종류에는 수박등·마늘등·연꽃등·칠성등(七星燈)·오행등(五行燈)·일월등(日月燈)·구등(毬燈, 공등)·선등(船燈, 배등)·종등(鐘燈)·고등(鼓燈, 북등)·누각등(樓閣燈)·난간등(欄干燈)·화분등(花盆燈) 교자등(轎子燈, 가마등)·머루등·병등(瓶燈)·항등(영등(鈴燈, 방울등), 난등(卵燈, 알등)·용등(龍燈)·봉등(鳳燈)·학등(鶴燈)·잉어등·거북등·자라등·수복등(壽福燈)·태평등(太平燈)·만세등(萬歲燈)·남산등(南山燈) 등이 있는데, 모두 자형(字形)이나 등형(燈形)을 상징한 것이다.

등롱(燈籠)은 종이를 바르던가 붉고 푸른 비단을 바르기도 한다. 운모(雲母)를 끼워 비선(飛仙)과 화조(花鳥)를 그리기도 하고 평평한 면, 또는 모가 진 곳에 3색 종이를 붙이기도 한다.

등에는 가족들의 성명과 생년월일을 써서 붙인다. 이것은 석가의 탄신을 축하하고 국태민안과 가족들의 행복을 비는 것이다.

연등회에는 여러 민속놀이도 성행하였는데, 그중에서도 영등(影燈)과 낙화회(落花會)가 대표적이다. 영등은 뒤쪽에 선기(鏇機, 갈이틀)를 만들어놓고 종이를 잘라 말·매·개와 호랑이·사슴·노루·토끼·꿩 등의 모양을 만들어 선기에 붙이면 불빛에 비치고 바람에 의해 빙빙 도는데 거기에서 비쳐 나오는 그림자를 본다. 낙화회는 오늘날 불꽃놀이와 비슷한 것이다.

　오늘날에는 초파일 전에 사찰에서 몇 가지 등을 준비하여 사찰 주변에 달고 초파일 밤에 등에 불을 밝히고 제등행렬(提燈行列)을 한다.

단오(端午)

1) 단오의 의의

단오는 음력 5월 5일로서 수리(戊衣) · 천중절(天中節) · 중오절(重五節) · 단양(端陽) · 수릿날 등 여러 이름으로 불리며, 단오의 단(端)은 첫 번째를 의미하고 오(午)는 오(五), 곧 다섯과 뜻이 통하므로 단오는 초닷새를 말한다.

우리 명절은 주로 양수(陽數)로 되어 있다. 음양철학에서는 기수(奇數)를 양(陽)으로 하는데, 기수가 겹쳐 생기(生氣)가 배가(倍加)되므로 이날들은 중요하게 생각하였으며 그중 5월 5일은 양기(陽氣)가 가장 성한 날이라 하여 단양이라고도 하였으며, 이날을 수릿날이라 한 것은『동국세시기(東國歲時記)』에 단옷날 수리취(戊衣翠)라는 떡을 해 먹는데 그 모양이 수레바퀴처럼 둥글기 때문에 붙여진 이름이라 했다.『열양세시기(洌陽歲時記)』에는 고대 중국 초(楚)나라 굴원(屈原)이 충분(忠憤)을 이기지 못하여 이날(5월 5일) 수뢰(水瀨)에 몸을 던져 죽었다는 데서 유래했다고도 한다.

그리고 수리란 고(高) · 상(上) · 신(神) 등을 의미하는 우리의 고어(古語)인데 이날이 '신의 날' '최고의 날'이란 뜻에서 붙여진 이름이라고도 한다.

2) 단오의 유래

단오의 유래에 대해서 고대중국 남북조(南北朝) 시대에 종름(宗懍)이 편찬한『형초세시기(荊楚歲時記)』에는 5월 5일은 굴원이 멱라수(覓羅水)에 투신한 날로 그 죽음을 애상(哀傷)한 날이라 하였다.

굴원은 고대 중국 초나라 충신이자 시인으로, 이름은 평(平), 호는 영균(靈

均)이다. 충직 고결하고 문장이 뛰어났으며 치란(治亂)에 밝아 회왕(懷王)의 아낌을 받았으며 벼슬은 삼려대부(三閭大夫)에 이르렀다. 그러나 근상(靳尚) 등 간신의 무리가 그를 시기하여 왕에게 참소하니 왕이 그를 멀리하자 유명한 '이소경(離騷經)'을 지어 왕이 깨닫기를 바랐다. 그러나 회왕이 죽고 양왕(襄王)이 임금이 되자 간신들이 다시 참소하여 장사로 귀양 갔다. 그는 '어부사(漁夫辭)' 등 몇 편의 글을 지어 충정을 호소했으나 받아들여지지 않았고 그때 진병(秦兵)이 남하하여 초나라가 멸망하자 멱라수에 몸을 던져 순국하였다. 사람들은 그의 죽음을 슬퍼하며 해마다 이날이면 죽통에 쌀을 넣어 물속에 던져 제사 지냈으며 그의 혼을 건진다 하여 경쟁적으로 배 건너기를 하였다. 이것이 중국 남방 풍속의 하나인 경도희(競渡戲)가 되었다.

또 하나는 한(漢)나라 건무(建武)연간(서기 25~55)에 어떤 사람이 장사(壯士) 구회(歐回)에게 와서 말하기를 "나는 옛날 삼려대부인데 그대가 제사 지내주는 것은 고마우나 그 제물을 문룡(蚊龍)이 빼앗아 먹어서 얻어먹지 못하니 제사 지내주려거든 오동나무잎으로 제물을 싸고 오색 당사실로 매어서 주었으면 좋겠다. 이 두 물건은 문룡이 꺼리는 것이다." 하고 간 곳이 없으므로 구회가 이상히 여기면서 그대로 하였다. 그 뒤 사람들이 단옷날에는 주사 떡을 만들 때 오색 고명을 넣고 쑥이나 수리취를 넣어서 떡을 만들게 되었다고 한다.

단오는 신라·가야 시대 이래로 명절이 되었으며 고려시대에는 북방민족의 영향인지 그네·격구·석전(石戰)놀이 등 무용적(武勇的) 속절(俗節)이 되었으며, 조선시대에는 정조(正朝)·동지(冬至)와 함께 3절일(節日)이 되었다.

3) 단오의 풍속

이날 부녀자들은 창포(菖蒲) 삶은 물에 머리를 감았으며, 천궁(川芎; 궁궁

이)이나 창포를 머리에 꽂았으며, 창포 뿌리를 깎아 비녀를 만들고 수복(壽福)이라는 한자를 새겨 꽂기도 하였고, 연지로 붉게 칠하여 허리에 차기도 하였다. 붉은색은 양색(陽色)으로 축귀(逐鬼)의 기능이 있다 하여 생긴 풍속이며, 따라서 창포는 벽사용(辟邪用)으로 쓰였다. 요즘도 창포 삶은 물에 머리를 감기도 한다.

미나리를 반찬으로 먹으며, 상춧잎의 이슬을 받아 세수하면 여름에 더위를 먹지 않으며 부스럼도 없어진다고 한다. 또 익모초(益母草 ; 육모초)와 쑥을 이날 오시(午時 ; 11~1시)에 뜯어서 말렸다가 약초로 썼으며, 다발로 묶어 문 옆에 세워두면 재액(災厄)을 물리친다고도 한다.

대추나무 시집보내기(棗嫁樹)라 하여 이날 오시에 둘로 뻗은 가지 사이에 돌을 끼우면 대추가 많이 열린다고 한다.

조선시대에는 단오절사(端午節祀)를 지냈으며, 집안의 평안과 오곡의 풍년, 그리고 자손의 번창을 위해 단오고사(端午告祀)를 지내기도 하였다.

당시 공조(工曹)에서 부채를 만들어 올리면 임금은 이날 재상(宰相)과 신하들에게 나누어주었다. 또 영·호남 양도(兩道)의 방백(方伯)과 병영·수영 등에서 단오 때 부채를 만들어 나라에 진상하였다. 여기서 여름 부채, 겨울 책력이라는 말이 나왔다.

부채는 전주와 나주에서 만든 것을 최상품으로 쳤다. 흰 살로 이루어진 부채를 백첩(白貼)이라 하고 살에 옻칠한 것을 칠첩(漆貼)이라 하는데 큰 부채이다. 부채는 외각선(外角扇)·내각선(內角扇)·승두선(僧頭扇)·어두선(魚頭扇)·합죽선(合竹扇)·반죽선(斑竹扇) 등 여러 종류가 있었으며, 유환(有環)·채각(彩角)·삼태(三台) 등 형태도 다르고 색채도 다양하였으나 이제는 거의 사라지고 합죽선과 태극선(太極扇), 그리고 살부채가 대부분이다. 태극선은 일제(日帝) 때 제조가 금지되어 중단되었다가 다시 유행되었으며, 살부채는 일반 가정용으로, 합죽선은 외출용으로 사용하였다. 그리고 신랑은 청색, 신부는 홍색, 상주(喪主)는 백색의 부채를 사용하고 아이들과 부녀자들은 곱게 채색한 부채를 사용하였다. 그러나 1970년대 이후 선풍기가 나오고 이어 에어컨이 나오면서, 70~80대 노인들이 외출 시 가끔 사용하고 있다.

4) 단오의 절식(節食)

단오의 음식으로는 수리취떡과 앵두화채가 있다. 수리취는 취나물과 같이 이면이 백색인데 멥쌀가루를 섞어 떡을 만든다. 이 떡을 수리취떡이라고 한다. 앵두화채는 앵두 씨를 빼고 설탕이나 꿀에 재워 두었다가 먹을 때 오미자 국물에 넣고 실백을 띄워 낸다. 단옷날 민가에서 즐겨 마시던 청량음료였다. 또 창포로 빚은 창포주(菖蒲酒)를 마시기도 하였다.

5) 단오의 놀이

단오의 대표적 놀이는 여성들의 그네뛰기와 남성들의 씨름이다. 특히 그네는 줄을 타고 허공을 날아오르므로 비선희(飛仙戲) · 반선희(半仙戲) · 추천(鞦韆) 또는 지방에 따라 '군듸'라고도 하며 대개 마을 어귀나 동내 언덕 적당한 곳에 있는 큰 나뭇가지에 짚으로 굵고 단단하게 꼰 동아줄이나 밧줄을 매달기도 하고 인공적으로 그네를 만들기도 한다. 줄의 길이는 8~9m 정도가 적당하다고 하며, 종류는 한 사람이 뛰는 '외그네 뛰기'와 두 사람이 마주 보고 뛰는 '쌍그네 뛰기'가 있다. 그네를 뛸 때 징과 장구를 치며 놀기도 하였다.

그러나 요즘은 단오 무렵이면 시골은 바쁜 농사철이고 또 그넷줄을 맬 만한 젊은 청년이 없어 각 마을의 그네 뛰는 모습은 사라져가고 있다.

유두(流頭)

1) 유두의 뜻

유두는 음력 6월 15일로, 유둣날이라고도 하며, 동류수두목욕(東流水頭沐浴)의 준말로, 동쪽으로 흐르는 물에 머리를 감고 몸을 씻어 액(厄)을 멀리하고 불상(不祥)스러운 일을 떨쳐버렸다고 하는데, 동류수를 선택한 까닭은 동방은 청(靑)을 상징하고 양기(陽氣)가 왕성한 방향이라 믿었기 때문이다.

유두를 신라(新羅) 때의 이두(吏讀)로는 소두(梳頭), 또는 수두(水頭)라고도 한다. 소두란 머리를 감는다는 뜻이며, 수두란 물마리(마리는 머리의 옛말), 곧 물맞이라는 뜻으로, 지금도 신라의 옛 땅인 경상도에서는 유두를 물맞이라 부르기도 한다. 정약용(丁若鏞)의 『아언각비(雅言覺非)』에 의하면 유두는 계(禊)에서 나온 것으로, 계의 본뜻은 깨끗하다는 결(潔)과 같은 뜻이라 하였다.

2) 유두의 유래

유두는 신라 때부터 내려온 명절로 알려져 있다. 고려(高麗) 명종(明宗) 때 학자 김극기(金克己)의 『김거사집(金居士集)』에는 "동도(東都 : 경주) 풍속에 유월 보름 동쪽으로 흐르는 물에 머리를 감아 불길한 것을 씻어버린다. 그리고 계음(禊飮)을 유두연(流頭宴)이라 한다" 했으며, 『고려사(高麗史)』 「명종 15년 (1185)조」에는 "6월 계축(癸丑)일에 왕이 봉은사에 행차하였으며, 병인일에 광진사에 모여서 유두음(流頭飮)을 하였다"는 기록으로 보아 이 풍속은 신라 때부터 이어져 왔으며, 고려시대에 유행하였음을 알 수 있다.

조선시대 영조(英祖) 때 학자 정동유(鄭東愈)는 『주영편(晝永編)』에서 "우리나라 명절 중에 오직 유두만이 고유의 풍속"이라 하였다.

유두는 물과 관련이 깊은 명절로, 물로써 부정(不淨)을 씻어내는 것이다. 그래서 유두음을 계음이라 하여 종교적 의미를 부여하였다. 유둣날 탁족(濯足)놀이를 즐겼다. 이 놀이도 단순히 발을 씻는 것이 아니라 몸과 마음을 정화(淨化)한다는 의미가 있다.

3) 유두의 풍속

(1) 유두천신(流頭薦新)

천신이란 계절에 따라 새로 나는 각종 음식물을 먼저 조상신에게 올리는 제사로서, 유두 무렵에는 수박·참외 같은 과실이 나기 시작하므로 햇과일과 함께 밀국수 또는 밀전병 등을 조상께 먼저 예를 행한 뒤에 먹었는데, 이것은 추원보본사상(追遠報本思想)으로서, 조상의 은혜를 갚는다는 뜻이기도 하다.

농촌에서는 논과 밭에서 백편 또는 팥시루떡 등을 제물로 하여 논과 밭 가운데 차려놓고 농신(農神)에게 풍년을 기원하는 고사(告祀)를 지냈는데 이를 용제(龍祭)·용신제(龍神祭) 또는 농신제(農神祭)라고도 하며, 유두에 지낸다고 하여 유두제(流頭祭)라고도 한다.

(2) 유두연(流頭宴)

유두 천신을 지낸 뒤 술과 안주를 장만하여 계곡이나 정자에서 잔치를 벌였는데, 이 잔치를 유두연이라 하고 여럿이 모여 술 마시는 것을 유두음(流頭飮)이라 하였다.

(3) 물맞이

서울의 정릉계곡, 광주(光州) 무등산 물통폭포, 제주도 한라산 성판봉(城坂峰)폭포가 유명했다 하며, 서울은 정릉계곡 외에도 송림(松林)과 물이 좋은 악발골, 사직단이 있는 황학정 활터 근방, 낙산 밑 등이 물맞이하는 좋은 장소였다고 한다. 그 밖에도 각 지방 마을마다 물맞이 명소가 있어 유둣날을 비롯한 여름철의 중요한 연중행사가 있었다. 이러한 명소에는 여자들도 끼리끼리 모였으며 여염집 부녀자들은 흰 차일을 쳐놓고 머리를 감고 몸을 씻으면서 하루를 즐겼다.

이렇게 몸을 씻는 것은 물의 정화력을 이용해 심신의 더러움을 씻어내고 몸을 깨끗하게 하는 행위로, 중국의 상사계욕(上巳禊浴), 항하침욕(恒河浸浴), 그리고 기독교의 세례(洗禮)와 불교의 관정(灌頂)과 같은 종교의식이 모두 여기에 근거한다고 볼 수 있다.

(4) 점복(占卜)

유둣날 천둥소리는 유두 할아버지가 우는 소리라는 말이 있는데, 천둥소리를 신격화한 말이다. 천둥은 한자로 천동(天動)에서 '동'이 '둥'으로 발음된 말이다.

유둣날 천둥소리가 일찍 울면 그해 이른 곡식이 잘 되고 늦게 울면 늦 곡식이 잘 된다고 한다. 또 유둣날 천둥 · 번개가 치면 산에 머루와 다래가 흉년이 든다고 한다. 또 밀가루 국수를 먹으면 더위를 먹지 않는다고 한다. 옛날에는 밀가루를 주형(珠形)으로 만들어 오색(五色)으로 물들인 뒤 석 장씩 포개어 색실로 꿰어서 문기둥에 걸어 액막이로 했다고 한다.

4) 유두의 절식(節食)

(1) 유두면(流頭麵)

유둣날 햇밀가루를 반죽하여 국수를 만들어 먹으면 장수하고 여름철 내내 더위를 타지 않는다는 말이 전해진다. 밀국수이다.

(2) 수단(水團, 乾團)

홍석모(洪錫謨)의 『동국세시기(東國歲時記)』에 의하면 멥쌀가루를 쪄서 둥근 떡을 만들고 잘게 썰어 구슬같이 만든다. 그것을 꿀물에 담가 얼음에 채워서 먹고 제사에도 쓰는데, 이것을 수단이라 한다고 하였다. 즉 수단은 화채의 일종으로 멥쌀·찹쌀·밀가루 등을 반죽하여 가늘게 빚어 콩알만큼 잘라 녹말가루를 묻힌 뒤 둥글게 빚어서 물에 삶아 냉수에 헹군 뒤 꿀물이나 오미자를 넣고 실백을 띄워서 얼음에 채운 것이다.

건단은 꿀물 등에 담그지 않고 그냥 먹는 경단류의 떡(冷陶)이며 찹쌀가루로 만들기도 하였다.

(3) 보리수단

햇보리가 통통하게 되도록 삶아서 녹말을 고루 묻혀 끓는 물에 데친 다음 냉수에 담근다. 다시 건져서 녹말을 묻혀 데쳐낸다. 두세 번 반복하면 유리구슬처럼 투명해진다. 오미자 국물에 작은 구슬 같은 보리알갱이가 동동 떠 있어 보기도 좋지만 매끄럽게 혀에 닿으며 톡톡 씹히는 맛이 특별하다.

(4) 상화병(霜花餠) · 연병(連餠)

밀가루를 막걸리로 반죽하여 부풀게 하고 꿀 · 채소 · 고기볶음 등의 소를 넣어 시루에 찐 떡을 상화병이라 한다. 또 맷돌에 간 밀가루를 잘 반죽하여 기름에 지져서 나물 소를 넣거나 콩과 깨에 꿀을 섞은 소를 넣어서 끝부분을 오므려여러 가지 모양으로 만든 것을 연병이라 한다.

(5) 수교위(水角兒)

만두의 일종으로, 밀가루를 반죽하여 얇게 밀어서 다진 쇠고기 · 느타리 · 석이 · 고추 등의 소를 넣고 빚어 삶거나 찌면 만두 모양이 된다. 감잎을 깔고 찐다음 참기름을 묻히고 초장을 놓는다.

정부인(貞夫人) 안동장씨(安東張氏 : 張桂香)의 『음식디미방』에는 표고 · 석이 · 오이를 가늘게 썰고 백자(잣), 후춧가루로 양념하고 밀가루를 고운체에 쳐서 국수같이 반죽하여 얇게 밀어 놋그릇 굽으로 박아서 도려낸다. 껍질에 소를 가득 넣고 오므려서 오래 삶아 기름을 묻힌 뒤 초간장에 놓아야 한다고 하였다.

이외에도 증편 · 호박 밀전병 등을 유두 차례 음식으로 썼고 유두 절식으로 먹었다.

유두는 이제 잊히는 명절이 되어 이름도 사라지고 있으며, 사람들은 해변이나 명소를 찾아 피서를 즐기고 있다.

삼복(三伏)

1) 삼복의 뜻

복(伏)은 음력 6월에서 7월 사이의 절기로, 초복(初伏), 중복(中伏), 말복(末伏)을 삼복이라 한다. 곧 하지(夏至)로부터 셋째 경일(庚日)을 초복, 초복일로부터 10일 뒤가 중복, 입추(立秋)로부터 첫째 경일, 즉 중복일로부터 10일 뒤가 말복인데 이를 삼경일(三庚日)이라고도 하며 경금(庚金)이라고도 한다. 복은 10일 간격으로 들므로 초복에서 말복까지 20일 만에 들면 이를 매복(每伏)이라 하지만 말복은 입추 뒤에 오기 때문에 중복과 말복 사이가 20일이 되면 달을 건너 들었다 하여 월복(越伏)이라 한다. 월복이 되면 말복은 중복 뒤 20일이 되므로 삼복은 소서(小暑)와 처서(處暑) 사이가 된다.

복(伏)자는 사람이 개처럼 엎드려 있는 형상으로 오행(五行)에서 여름은 불에 속하고 가을은 금(金)에 속하는데 여름 불기운에 가을의 쇠기운이 세 번 굴복한다는 뜻으로 복(伏)자를 써서 삼복이라 하였다. 천간(天干) 중 경일(庚日)을 복날로 한 까닭은 경(庚)은 오행으로는 금(金)에 속하며 계절로는 가을에 속하기 때문에 경일을 복날로 정하여 더위를 이기자는 뜻이다.

2) 삼복의 유래

삼복은 고대 중국 진(秦)나라 때부터 시작되었다는 설이 있으며 우리나라는 어느 시대부터 시작되었는지 알 수 없으나 개고기를 먹은 시기가 삼국시대 이전부터라고 한 것을 보면 유래는 오래된 것으로 생각된다.

3) 삼복의 보양식

(1) 개장국

된장을 푼 국물에 개고기를 넣고 갖은양념을 해서 끓인 국으로 개장, 구장(狗醬), 지양탕(地羊湯), 보신탕(補身湯), 영양탕(營養湯), 사철탕 등 여러 이름으로 불린다. 개고기를 먹은 시기는 삼국시대 이전이라고 하나 개장국을 식용한 기록은 조선 중기 이후부터 나온다.

정부인(貞夫人) 안동장씨의『음식디미방(飮食知味方)』에는 개장, 개장국, 누르미, 개장고지 느르미, 개장찜, 누른 개 삶는 법, 개장 고는 법과 같은 각종 개고기 조리법이 상세히 적혀 있으며 빙허각 이씨의『규합총서(閨閣叢書)』에도 증구법(烝狗法)이라 하여 개장 조리법이 나온다. 홍석모(洪錫謨)의『동국세시기(東國歲時記)』에는『사기(史記)』를 인용하여 진덕공(秦德公) 2년에 삼복 제사를 지내는데 성안 사대문에서 개를 잡아 충재(蟲災)를 막았다고 하며,『동의보감(東醫寶鑑)』에는 개고기는 오장을 편안하게 하며 혈액을 조절하고 장과 위를 튼튼하게 하며 골수를 충족시켜 기력을 증진시킨다고 하였으며, 김매순(金邁淳)의『열양세시기(洌陽歲時記)』에는 개를 잡아 삶아 국을 끓여 양기(陽氣)를 돕고 팥죽으로써 여역(癘疫)을 예방한다고 하였다.

삼복에 개를 삶아 파를 넣고 푹 끓인 것을 개장(狗醬)이라 하며 닭이나 죽순을 넣으면 더욱 좋고 개국에 고춧가루를 넣고 밥을 말아서 시절음식으로 먹는다. 그렇게 하여 땀을 흘리면 더위를 물리치고 허한 것을 보강할 수 있으므로 시장에서도 개장을 팔았다. 이 개장은 고려시대에는 기록이 없는 것으로 보아 조선시대부터 시작된 것으로 추측된다.

그 뒤 20세기에 들어와서 서양인들에 의해 개장국은 야만적인 음식으로 생각되어 1940년대부터 개장국을 보신탕으로 바꿔 개고기가 주재료임을 숨기게 되었으며 그 이후 다시 영양탕이나 사철탕으로 이름을 붙였다.

개장국의 재료는 황구(黃狗)가 으뜸으로 쓰였으며 전골 찜과 함께 삼복에 즐겨 먹는 음식 중 하나이다.

(2) 삼계탕(蔘鷄湯)

닭에 인삼을 넣어 끓인 국으로 삼복에 주로 먹으며 일명 계삼탕(鷄蔘湯)이라고도 한다.

『삼국지(三國志)』에는 삼한(三韓)에 꼬리 길이가 5자(尺) 되는 세미계(細尾鷄)가 있고 백제(百濟)에는 닭과 인삼도 있었다고 하였다. 『동의보감』에는 황색 암탉은 성평(性平)하고 소갈을 다스리며 오장을 보익하고 정(精)을 보할 뿐아니라 양기를 돕고 소장을 따뜻하게 한다고 하였다. 또 인삼은 성온(性溫)하고 오장의 부족을 주치하며 정신과 혼백을 안정시키고 허손(虛損)을 보한다고 하였다.

삼복에 보신하기 위해 연계(軟鷄 ; 생후 6개월까지의 닭) 뱃속에 찹쌀, 밤, 대추, 마늘을 넣고 푹 끓여 먹는 것을 연계백숙(軟鷄白熟)이라 하며 여기에 인삼을 넣으면 계삼탕이 된다.

연계탕(軟鷄湯)은 개장(狗醬)이 식성에 맞지 않는 사람을 위하여 20세기에 들어와 복날의 대체식품이 되었으며 이후 인삼이 대중화되면서 삼계탕이 된 것이다.

닭의 평(平)한 성질에 인삼의 온(溫)한 성질을 결합시켜 이것을 상극설에 적용시키면 삼계인 화(火)가 복(伏)인 금(金)을 극살한다는 음양오행설의 상극(相剋)법칙인 화극금(火剋金)설에 따라 복날에 주로 시식되었다.

(3) 용봉탕(龍鳳湯)

잉어와 닭을 함께 넣어 끓인 국으로, 잉어를 용(龍), 닭을 봉(鳳)에 비유하여 붙인 이름으로 삼복시식의 하나이다.

『동의보감』에는 성한(性寒)하고 황달, 소갈(消渴), 수종(水腫), 각기(脚氣)를 다스리며 기(氣)를 내리고 냉기(冷氣)를 부수고 태동(胎動)과 임신부의 붓기를 다스리고 안태(安胎)한다고 하였다.

봉황(鳳凰)은 용, 기린, 거북과 함께 사령(四靈)의 하나로 죽지 않는 새로 알려져 있으며 머리는 닭의 형상을 하였다 하여 민가에서는 닭을 봉으로 부르기도 하였는데 봉(鳳)은 수컷이며 황(凰)은 암컷이다. 『동의보감』에서는 붉은 수탉에 대하여 여인의 대하를 다스리고 허(虛)를 치료하며 통신(通神) 살독(殺毒)할 뿐 아니라 불상(不祥 : 상서롭지 못한 것)을 물리친다고 하였다.

용봉탕은 잉어와 수탉이 가진 신기(神氣)를 먹고 장수하기 위한 시식으로, 잉어가 가진 강한 생명력과 죽지 않는 봉이 결합하여 용봉탕이라는 자양식(滋

養食)이 생겨나 복날 음식이 되었다.

(4) 임자수탕(荏子水湯)

연계(軟鷄)를 곤 국물에 찢어놓은 닭고기와 껍질을 벗겨서 볶은 깨(荏子 : 白麻子)를 갈아 밭친 물을 섞고 미나리 오이채 버섯을 살짝 데쳐 넣어 먹는 복날 음식으로, 깻국장 또는 백마자탕(白麻子湯)이라고도 한다.

『동국세시기』에는 밀가루로 국수를 만들어 청채(靑菜)와 닭고기를 섞고 백마자탕(어저귀국)에 말아 먹는다고 하였다. 이 탕은 흰 참깨와 닭이 가진 성질을 이용하여 삼복더위를 물리치고자 한 것이다. 따라서 임자수탕은 허로를 보하면서 양기를 돕고 오장에 보익한 닭을 결합시킨 삼복의 음식이다.

그 밖에 쇠고기를 삶아서 알맞게 뜯어 양념해서 얼큰하고 맵게 끓인 육개탕(肉芥湯)과 불린 콩을 삶아 맷돌에 갈아낸 즙을 차게 해서 국수에 말아 먹는 콩국수도 여름철 별미로 보양음식의 하나이다.

4) 삼복의 피서

(1) 복달임

삼복더위에 몸을 보하는 음식을 먹고 시원한 물가나 수목이 우거진 계곡을 찾아가서 더위를 식히는 일로, 복 놀이 또는 복 달음이라고도 한다.

조선시대에는 삼복기간에 궁중에서 고위직 관료들에게 쇠고기와 얼음을 하사하였으며 민간에서는 귀한 쇠고기 대신 계곡에서 개고기를 끓여 먹으며 발을 담그거나 바닷가 백사장에서 모래찜질을 하며 더위를 물리쳤다. 이 밖에도 삼복에 팥죽을 쑤어 먹으면 더위를 먹지 않고 병에도 걸리지 않는다는 속설이 있다.

또 피서(避暑)의 술자리를 하삭음(河朔飮)이라 하는데 이것은 고대 중국 후한말(後漢末)에 유송(劉松)이 원소(袁紹)의 아들들과 하삭(河朔)에서 삼복더위를 피하기 위하여 술을 마신 고사(故事)에서 유래된 말이다.

(2) 탁족(濯足)

녹음이 무성한 깊은 골짜기 계곡의 맑은 물에 발을 담그는 것을 탁족이라 하며 또 집에서 대야에 물을 떠놓고 발을 담그는 것을 세족(洗足)이라 한다.

탁족은 전통적으로 선비들의 피서법이다. 발은 온도에 민감한 부분이고 특히 발바닥은 온몸의 신경이 집중되어 있으므로 발만 담가도 온몸이 시원해진다. 흐르는 물은 몸의 기(氣)가 흐르는 길을 자극해 주므로 건강에 좋다.

탁족은 피서뿐 아니라 선비들 정신수양의 방법이기도 했으며 마음을 씻기도 하였다. 탁족이라는 용어는 『맹자(孟子)』「이루(離婁) 상(上)」에 나오는 구절로 "滄浪之水淸兮 可以濯吾纓 滄浪之水濁兮 可以濯吾足"(창랑의 물이 맑음이여 나의 갓끈을 씻으리라. 창랑의 물이 흐림이여 나의 발을 씻으리라)이라 하였는데, 굴원(屈原)의 고사에서 유래한 이 글은 물의 맑음과 흐림을 안정과 혼탁이 인격 수양에 있다는 것을 비유한 것 같다. 따라서 탁족은 조선시대 문사(文士)와 화백(畵伯)들에게 좋은 소재가 되었다. 탁족은 자연친화적이고 소박한 피서법이라 할 수 있다.

현재는 선풍기와 에어컨이 가정마다 있으며 삼복기간이 되면 직장에서 휴가를 내어 바다나 계곡 또는 해외로 나가 피서하는 사람들이 많다.

칠석(七夕)

1) 칠석의 뜻

칠석은 음력 7월 7일로 헤어져 있던 견우(牽牛)와 직녀(織女)가 만나는 날이라고 하며 칠성(七星)날이라고도 한다. 칠성은 북두칠성(北斗七星)과 관련된 도교와 불교의 색채가 강한 신으로서 비를 내리게 하고 인간의 장수와 재물을 관장하는 북두칠성님을 모시는 날이라고 생각하였다. 이 신은 비를 내리게 하는 기우(祈雨)의 신이자 수명을 관장하는 장수의 신이며 재물을 관장하는 신으로 믿어, 이날에는 칠석제(七夕祭) 또는 칠성제(七星祭)라 하여 부인들이 밤에 칠성단(七星壇)을 마련해 놓고 음식을 차려 집안이 잘되게 해달라고 빌기도 하였다.

칠석은 대개 입추(立秋) 무렵이므로 세시명절의 가을철 첫 명절로 친다. 원래 중국에서 우리나라에 전래되어 고려시대에 세시명절의 하나로 정착되었을 것으로 짐작된다.

2) 칠석의 유래

칠석의 유래는 중국의 『제해기(薺諧記)』에 처음 나온다. 이 칠석은 한(漢)나라 이후에 윤색을 거듭하여 우리나라에 유입된 것으로 보인다. 설화의 내용은 다음과 같다.

하늘나라 궁전 은하수 건너편에 견우가 살고 있었다. 옥황상제는 견우가 부지런하고 착하여 손녀인 직녀와 결혼을 시켰다. 결혼한 견우와 직녀는 너무 사이가 좋아서 견우는 농사일을 게을리하고 직녀는 베 짜는 일을 게을리하였다.

그러자 하늘나라 사람들이 기근(饑饉)으로 고통받게 되었다. 이에 옥황상제가 크게 노하여 견우와 직녀를 은하수 양쪽에 각각 떨어져 살게 하였다. 두 사람은 은하수를 사이에 두고 서로 애만 태우고 있었다. 부부의 안타까운 사연을 알게 된 까마귀와 까치들은 해마다 칠석날이 되면 이들이 만날 수 있도록 하늘로 올라가 다리를 놓아주니 이것이 오작교(烏鵲橋)이다.

견우와 직녀는 오작교에서 만나 일 년 동안 쌓였던 회포를 풀고 다시 헤어져야 했다. 칠석 다음 날 까마귀와 까치의 머리가 모두 벗겨진 것은 오작교를 놓기 위해 머리에 돌을 이고 다녔기 때문이라고 한다. 간혹 이날 보이는 까마귀와 까치는 병이 들거나 늙어서 다리를 놓을 수 없어 천계(天界)에 못 간 것들이라고 한다. 칠석날에는 비가 내리는데 이날 내리는 비는 견우와 직녀가 일 년 만에 만나는 기쁨의 눈물이고 이튿날 내리는 비는 만나자마자 곧 헤어지는 슬픔의 눈물이라고 한다. 또 낮에 내리는 비는 기쁨의 눈물이고 밤에 내리는 비는 슬픔의 눈물이라고 한다. 중국에서는 7월 6일에 내리는 비를 세거(차)우(洗車雨)라 하고 칠석날 내리는 비를 쇄루우(灑漏雨)라 한다.

이 설화에서 견우는 은하수 동쪽의 독수리별자리(鷲星座)에 있는 알타이르(altair)별이며, 직녀는 은하수 서쪽의 거문고별자리(琴星座)에 있는 베가(vega)별을 가리키는 것으로, 이 두 별은 태양의 황도상(黃度上)의 운행 때문에 가을 초저녁에는 서쪽 하늘에 보이고 겨울에는 낮에 떠 있으며 봄 초저녁에는 동쪽 하늘에 나타나다가 칠석 때가 되면 하늘 한가운데 나타나므로 마치 일 년에 한 번씩 만나는 것으로 보이는 것이다.

이러한 별자리의 움직임은 고대 중국 주(周)왕조 때 관측되었던 것으로, 이러한 신기한, 곧 탐기적(耽奇的) 요소가 가미되어 한(漢)나라 때 설화가 성립되었다고 한다. 우리나라는 일찍이 삼국시대에 설화와 풍속이 있었던 것 같다.

고구려 고분벽화 가운데 평안남도 남포시 강서구역에 있는 덕흥리 고분벽화에 견우와 직녀의 설화를 반영한 것이라고 볼 수 있는 그림이 그려져 있다. 고대소설『춘향전』에서 이몽룡과 성춘향을 맺어주던 다리도 오작교이다.

3) 칠석의 풍속

고려 말 공민왕(恭愍王)은 왕비인 노국대장공주(魯國大長公主)와 함께 칠석날 궁궐에서 견우 직녀성에 제사 지내고 문무백관에게 녹을 주었으며, 조선시대에는 궁중에서 칠석 연회를 베풀고 성균관 유생(儒生)들에게 절일제(節日製 : 1월 7일, 3월 3일, 7월 7일, 9월 9일)의 과거를 실시하였다.

칠석날의 대표적인 풍속으로는 걸교(乞巧)가 있다. 이날 저녁 처녀들이 별을 보며 바느질 솜씨와 길쌈을 잘 해달라고 비는 풍속으로, 교묘한 재주를 구한다는 뜻의 걸교는 지방에 따라 걸짐, 걸교전(乞巧奠)이라고도 한다. 이날 서당의 학동들은 별을 보고 공부 잘할 것을 빌기도 하였다.『형초세시기(荊楚歲時記)』에 의하면 칠석날 여염집 부녀자들이 금, 은, 놋쇠, 돌 등으로 만든 바늘로 일곱 개의 구멍이 뚫린 천을 꿰매고 마당 가운데 참외 등의 과일을 차렸는데 이를 걸교라 한다는 기록이 있다.

주부들이 바늘 한 쌈을 준비하였다가 어두운 밤 별빛 아래에서 실을 꿰기도 하였는데, 그중에서 실이 단번에 꿰진 바늘은 잘 간수해 두었다가 집안 식구 중 시험 보는 사람이 입고 갈 옷에 몰래 꽂아주면 합격한다고 믿었다.

칠석 때가 되면 지루한 장마가 끝나는 시기이므로 쇄서폭의(曬書曝衣)라 하여 습기 찬 옷과 책을 볕에 말리는 풍속이 있었다. 서당에 다니는 학동들은 별을 바라보며 시를 짓거나 공부를 잘하게 해달라고 빌기도 하였다.

또 불교 신자들은 칠석불공(七夕佛供)을 드리는데 칠성당(七星堂)에서 자녀들의 명과 복을 빌었다. 중부지방에는 '칠석맞이'라 하여 부인들이 단골무당을 찾아가 자녀들의 무사 성장을 빌어주기를 부탁했으며, 할머니들은 상에 쌀을 놓고 그 둘레에 명을 비는 촛불을 켜고 명다리(무당에게 무명천과 실타래를 바침)를 내어 자녀의 수명장수를 기원하였다. 충남 서산과 제주도에서는 이날 밤 자손들의 부귀와 장수를 비는 칠석제(七夕祭) 또는 수명장수 소원성취를 비는 칠성제(七星祭)를 지냈다. 전북 군산지방에서는 마을 공동우물에 정주제(井主祭 : 샘제)를 지냈는데, 이날은 우물을 퍼내어 청결하게 한 다음 촛불을 밝히고 시루떡을 차린다. 또 경남 영산지방과 가덕도에서는 '용알 먹이기'라고 부르는 용왕제(龍王祭)를 지내는데 단골무당을 불러 굿을 하거나 주부가 새벽에 목욕 재계한 뒤 깨끗한 옷을 입고 우물가에 제물을 진설한 뒤 가내태평과 소원성취를 빌었다. 경북 봉화지방에서는 칠석날 한지를 접어 붙인 신장(神杖)대를 만들어 논에 꽂고 시루떡을 놓기도 했으며 고령지방에서는 동쪽으로 뻗은 복숭아 가지로 소를 때리면서 집으로 몰고 들어갔는데, 복숭아 가지는 축사(逐邪)의 효과가 있는 것으로 믿었다. 복숭아 가지가 백귀(百鬼)를 제압하는 선목(仙木)이라 생각했으며, 동쪽이 양(陽)이기 때문에 음지의 귀(鬼)를 퇴치하는 데 효험이 있다고 생각하였다.

유월 유두절과 같이 칠석에도 물맞이를 하였다. 더위가 가시기 전 피서 겸 몸의 청결을 위해서 날씨가 더운 삼남지방에서 많이 하였다. 제주도에서는 바다로 흘러 떨어지는 물맞이를 하였다. 특히 이날 오시(午時 : 12시)의 물이 약효가 좋다고 한다. 이날 목욕을 하면 부스럼이 생기지 않고 속병도 고칠 수 있다고 믿어 약수도 즐겨 마셨다.

4) 칠석의 절식(節食)

음력 7월이면 보리, 밀 등 밭작물을 거둘 때이며 호박을 비롯한 여름식품이 제철이다. 떡은 증편이 사라지면서 계피떡이 등장하기 시작한다. 또 가지, 고추 등 채소류가 나온다.

(1) 밀전병(煎餅)

밀전병은 찹쌀가루, 차 수수가루, 밀가루, 녹두가루 등을 묽게 반죽하여 애호박, 부추, 풋고추, 파 같은 채소를 썰어 넣고 둥글게 또는 반달 모양으로 지진 것으로, 지방에 따라 밀떡, 밀 부꾸미, 밀 부침개라고도 한다.

(2) 밀국수

더운 장국에 만 국수로, 양지머리를 푹 고아서 식힌 뒤 기름을 걷어내고 간을 해서 장국 국물을 만들고 밀국수를 삶아 건졌다가 그릇에 담고 장국 국물로 토렴해서 따끈한 국물을 붓고 위에 황백지단과 미나리 초대로 고명을 얹는다.

(3) 호박전

애호박을 얇고 둥글게 썰어서 밀가루와 달걀을 입혀 부친 것이다. 민간에서는 이 시기에 호박전을 만들어 칠석님께 빌거나 별식(別食)으로 즐겼다.

5) 칠석의 놀이

칠석날 농촌에서는 이날 하루를 즐겼는데 전국적인 세시놀이는 없었지만 대전시 보문산 동편 자락에 있는 부사동에서 전승되는 놀이가 있는데 백제시대로 거슬러 올라간다.

구전에 의하면 백제시대에 부사동 윗마을의 부용(芙蓉)이라는 처녀와 아랫마을의 사득(沙得)이라는 총각이 마을 공동우물인 부사샘에서 물을 길으러 다니다가 사랑하는 사이가 되어 결혼까지 약속하였다. 그러나 신라가 백제를 침공하자 사득은 백제군으로 출전하여 전사하였다. 부용은 매일 샘을 들여다보며 사득이 오기를 기다리다가 수척해진 몸으로 뒷산(보문산) 선바위에 올라 길목을 지켜보다가 실족하여 바위에서 떨어져 죽고 말았다.

그 뒤 어느 해 여름 극심한 가뭄으로 샘물이 말랐는데 칠석을 앞둔 어느 날 윗마을과 아랫마을에 사는 한 노인의 꿈에 부용이 나타나서 자기와 사득의 영혼결혼식을 시켜 주면 물이 잘 나올 것이라고 하였다. 칠석날 마을 사람들이 우물을 깨끗이 청소하고 고사를 지낸 다음 두 처녀, 총각의 합궁 예를 치르자 샘물이 쏟아져 나왔다. 이 샘을 윗마을 사람들은 부용샘이라 하고 아랫마을 사람들은 사득이샘이라 불렀는데 마침내 두 이름의 첫 글자를 따서 부사샘이라 부르게 되었고 마을 이름도 부사동으로 부르게 되었다.

그 뒤 동민들은 이 설화를 놀이로 구성하여 부사칠석놀이라 하고 1938년까지 이어 오다가 일제의 민족문화 말살정책으로 중단되었던 것을 8.15 광복 뒤 다시 재현되었다가 1950년 6.25전쟁으로 중단되었던 것을 1990년도에 재현하여 보존하고 있다.

부사칠석놀이의 구성을 간략히 보면 ① 선바위 치성, ② 상하 부사리 상면, ③ 용기(龍旗) 맞절, ④ 부사 샘 치기, ⑤ 샘 고사(龍王祭), ⑥ 부용 사득 합궁놀이, ⑦ 놀이마당으로 되어 있다.

백중(百中)

1) 백중의 뜻

백중은 음력 7월 15일로, 여름 동안 안거(安居)를 마치고 대중 앞에서 자기의 허물을 말하며 참회하고 절에 재(齋)를 올리는데, 민간에서는 여러 가지 과실과 온갖 음식을 마련하여 먹고 노래하고 춤추며 즐겁게 하루를 보내는 날로, 백중(百衆), 백중(白中), 백종(百種), 백종(白踵), 중원(中元), 망혼일(亡魂日) 또는 호미 씻는 날, 머슴날, 머슴의 생일 등 여러 이칭(異稱)이 있다.

백종(百種)은 백곡지종(百穀之種)의 줄임말로 백 가지 곡식의 종자(種子)를 갖추어 놓았다는 뜻으로, 이 무렵이면 각종 과실과 채소가 많이 나온다. 특히 이날 열리는 우란분회(盂蘭盆會) 때 백 가지의 꽃과 과실을 부처님께 공양한 데서 생겼다고도 한다. 또 백종(白踵)은 7월에 논과 밭매기를 끝낸 농부들이 호미씻이(洗鋤宴)를 하고 나면 발뒤꿈치가 하얗게 되어 붙여진 이름이라고도 하고 우란분회에 참여하는 승려들이 발을 닦아 발뒤꿈치가 하얗게 되어 붙여졌다고도 한다.

중원(中元)은 도가(道家)에서 쓰는 말로, 도교(道敎)에서는 천상(天上)의 선관(仙官)이 인간의 선악(善惡)을 일 년에 세 번 매긴다고 하는데 그 시기를 원(元)이라고 하며 첫 번째가 상원(上元), 곧 정월 대보름이며 두 번째가 중원이며, 세 번째가 하원(下元)으로 음력 10월 15일인데 초제(醮祭)를 지내는 풍습이 있었다.

망혼일은 조상의 혼을 위로하기 위해 술과 햇과일을 정성껏 차려놓고 천신(薦新)하는 풍습에서 유래한 말로 『동국세시기(東國歲時記)』에서는 "여염집

사람들은 이날 저녁 달밤에 채소, 과일, 술과 밥을 차려놓고 죽은 어버이의 혼을 부른다"고 하였다. 특히 절에서는 우란분회를 열어 재(齋)를 올리고 불공(佛供)을 드리는 큰 명절로 여겨왔다. 우란분(盂蘭盆)은 도현(倒懸) 즉 '거꾸로 매달리다'라는 뜻의 산스크리트어에 어원(語源)을 둔 ullambana의 한자역어(漢字譯語)이다. 처음에는 오람바나(烏藍婆拏)로 표기하다가 나중에 오람을 우란으로, 바나는 그 뜻이 분(盆)이므로 음훈(音訓)을 빌려 우란분회라 하였다.

호미 씻는 날은 백중이 되면 여름농사가 거의 끝나 호미를 다 썼으므로 씻어서 치운다는 뜻으로 각 지방에 따라 다르게 말한다. 즉 강원도에서는 써레를 씻는다 하여 써레씻이라 하고, 경남에서는 세사연, 꼰비기먹인다, 괭이발이, 써리씻금, 호맹이씻기라 했으며 경북에서는 초연(草宴), 풋굿이라 했으며 전북에서는 호미씻기연, 농현이라 했으며 충북에서는 호미씨시라 하였다. 보편적으로 호미씻기, 호미씻이라는 말을 많이 사용하였는데 한자로 세서연(洗鋤宴)이라 한다. 백중에는 농사일을 마치고 머슴들을 놀게 했기 때문에 이날을 머슴날, 머슴의 생일이라고도 하였다.

2) 백중의 유래

제주도의 백중은 육지와 달리 음력 7월 14일이다. 여기에는 다음과 같은 근원설화가 전해진다.

오랜 옛날 자컷뱅(차귀도)에 백중(百中)이라는 목동이 살았는데, 바닷가에서 소와 말을 먹이던 어느 날 하늘에서 옥황상제가 내려왔다. 백중이 그 광경을 가만히 보고 있는데 옥황상제가 바다를 향하여 거북이를 부르자 커다란 바다 거북이 물 위로 떠올랐다. 호기심이 생긴 백중이 가까이 다가가 숨어서 엿들으니 옥황상제가 거북이에게 이르기를 "거북아 오늘 밤 석 자 다섯 치의 큰비를 내리게 하고 풍우 대작하게 하라"고 이르고는 하늘로 올라갔다. 만약 석 자 다섯 치나 되는 비와 폭풍우가 휘몰아치면 홍수가 나서 곡식이 없어질 것은 물론 가축도 무사할 수 없었다. 닥쳐올 재난을 어떻게 막을까 궁리하던 백중은 마침내 거짓 옥황상제의 목소리로 바다를 향하여 "거북아!" 하고 불렀다. 잠시 후 거북이 물 위로 나타나자 "생각해 보니 아까는 말을 잘못 했는데 오늘 밤에 비는 다섯 치만 내리게 하고 바람은 불지 않도록 하라"고 일렀다. 백중의 말대로 그날 밤에 비는 다섯 치만 내렸고 바람은 불지 않았다. 하늘에서 내려다본 옥황상제는 대로(大怒)하여 칙사(勅使)에게 백중을 잡아들이라 하였다. 큰 벌을 면하기 어려울 것으로 생각했던 백중은 바다에 뛰어들어 스스로 목숨을 끊고 말았다.

백중의 지혜와 용기의 덕택으로 그해 농사는 대풍작이었으며 백중이 죽은 날이 7월 14일로 이날을 백중일이라 하고 농민들은 매년 제사를 지내어 그의 넋을 위로하게 되었다고 한다. 이 제주도의 백중은 농신(農神)으로 보이며 백중날은 고대 농신제일(農神祭日)이었는데 삼국시대 이후 불교의 영향으로 우란분회에 동화(同和)되었을 것으로 추측해 본다.

『우란분경(盂蘭盆經)』에는 불교 설화가 전해진다.

석가모니의 제자인 목련비구(目蓮比丘)의 어머니가 살아생전에 죄를 지어 저승의 아귀도(餓鬼道 : 餓鬼途, 목마르고 배고픔의 고통으로 가득한 세상)에서 고통을 받을 때 어머니의 영혼을 구하고자 석가모니에게 애원한 목련존자가 그의 가르침에 따라 7월 15일(음력)에 오미백과를 쟁반(盆)에 받들어 시방대덕(十方大德 : 온 세상의 부처)에게 공양하여 어머니의 영혼을 구하였다고 한다.

신라와 고려시대에는 절에서 열리는 우란분회에 일반인까지 참여하여 부처님께 공양하고 조상의 영전에 올려 부모의 은혜를 기렸으나 조선시대에는 억불숭유(抑佛崇儒)정책의 영향으로 차츰 불가(佛家)의 불교의식으로만 남게 되었다.

우란분회는 중국 남조(南朝)의 양(梁)나라 무제(武帝) 대동(大同) 4년(538)에 동태사(東泰寺)에서 처음으로 행해졌다고 전해지며 그 뒤 당(唐)나라 초기에 성행하였다고 한다.

3) 백중의 풍속

우리 속담에 "어정칠월 동동팔월"이란 말이 있듯이 백중 때가 되면 밭과 논의 김매기가 거의 끝나고 비교적 한가한 시기이므로 이날이 되면 떡과 술 등 각종 음식을 장만하여 동구 밖 느티나무 아래나 계곡 등을 찾아 먹고 마시며 풍물을 치고 춤추며 씨름판도 벌이는 등 하루를 즐겼다. 불교 신자들은 절에 가서

백중불공을 드리며 망혼제를 지낸다. 스님들은 석 달 동안의 하안거(夏安居)를 끝낸다.

경기 충청지방에서는 농사를 잘 지은 집의 머슴을 소에 태워 위로하며 흥겹게 놀고 호미씻이를 하였다. 전라도에서는 밭 가에 제물을 차려놓고 풍년을 비는 농신제(農神祭)를 지냈으며 '백중맞이'라 하여 무당을 불러 죽은 이의 명복을 비는 굿을 하였다. 경북에서는 논 가운데 백기를 꽂고 논두렁 가에서 백설기 등을 놓고 풍농을 기원하기도 하였다. 충북 괴산지방에서는 상머슴을 뽑아 관을 씌워 황소에 태우고 풍장을 앞세우며 마을을 순회하면서 거둔 돈을 상머슴에게 주었다. 상머슴이 노총각이거나 홀아비이면 혼인시키기도 하였다. 그래서 "백중날 상머슴 장가간다"라는 말이 생겼다. 전북 진안에서는 사다리에 가마니를 펴고 머슴을 태워 동네를 돌며 놀았는데 이를 술메기라 하였다. 익산에서도 장원놀이라 하여 소 태우는 놀이를 하였으며 전남에서도 소 태우는 놀이를 하였다. 경남 밀양에서는 '꼼배기참놀이'라 하여 농신제 작두말타기 춤판으로 놀이를 구성하였다. 작두말타기는 농군들이 뽑은 상머슴을 소의 등에 거꾸로 태우고 작은 삿갓을 씌워 동네 골목을 도는 것이다. 제주도에서는 폭풍우의 재난을 막고 목숨을 끊은 백중의 넋을 위로하고 풍년을 비는 '백중제'를 지낸다. 또 농사의 풍년과 가축의 번성을 다스리는 한라산의 농축신(農畜神)인 '백중와살'에게 제사를 드린다. 백중와살이 정성껏 키우던 곡식과 가축이 백중 때의 '백중놀비'로 막심한 피해를 입기 때문에 그의 분노를 가라앉히기 위해서라고 한다. 그리고 '마불림제'라는 당굿을 한다. '마'란 장마의 마, 또는 곰팡이의 뜻이고 '불림'이란 바람에 날려 보낸다는 뜻이라고 한다. 보통 7월 13일과 15일에 이 굿을 하는 당(堂)이 많다고 하며 이날은 주민들이 당신(堂神)에게 신의(神衣)의 곰팡이를 바람에 씌워 날린다. 그런데 '마불림'은 말을 부린다는 뜻도 있어 제주도의 말(馬) 증식(增殖)을 기원하는 의미도 있지 않나 생각한다. 밤에는 '맹감'이라는 산신(山神)에게 고사를 지낸다. 또 들일을 나가지 않는 대신, 백중날은 해물이 많이 생산된다고 해서 바다에 나가 일했으며 밤늦도록 횃불을 밝히고 해산물을 잡는다고 한다.

4) 백중의 놀이

전통적으로 농촌에서는 백중을 명절로 생각하여 가정에서는 차례를 모시기도 하고 마을 따라 동제를 모시기도 하고 마당밟이를 하면서 하루를 즐겼다.

백중놀이로 경남 밀양의 백중놀이, 전북 남원의 삼동굿놀이, 충남 연산의 백중놀이 등을 간략하게 소개한다.

(1) 밀양 백중놀이

밀양에서는 '호미 씻기' 또는 '꼼배기참놀이'라고도 하는데 '꼼배기참'이란 밀을 통째로 갈아 만든 떡과 함께 술과 안주를 참으로 주는 음식으로, 이 음식을 먹고 논다고 하여 꼼배기참놀이라 부른다.

놀이의 구성은 농신제를 시작으로, 작두말타기 춤판 뒷놀이의 순서로 진행된다. 춤판은 양반춤, 병신춤, 범부춤, 오북춤으로 나뉘며 이 가운데 병신춤은 난쟁이, 배불뚝이, 꼬부랑할미, 떨떨이, 문둥이, 꼽추, 히줄대기, 봉사, 절름발이 등의 해학적인 춤으로 구성되어 있고, 마지막의 오북춤은 밀양에서만 볼 수 있는 독특한 춤으로 다섯 사람의 북잡이 중 한 명은 중앙에 서고 나머지 네 사람은 사방에서 북 가락을 치며 추는 춤이다.

(2) 남원 삼동(三童)굿놀이

전북 남원 보절면 괴양리 백중놀이는 기(旗) 절받기, 합(合)굿, 당산제, 샘굿, 삼동굿, 놀이마당 밟기, 판굿 등으로 연행되는데 이 가운데 삼동굿놀이는 괴양리에서만 전승되고 있다고 한다. 이 놀이는 매년 백중날 행하였던 것으로 지네를 밟아 마을의 무사와 풍년을 기원하는 공동체적 놀이이다.

즉 괴양리 동쪽에는 약산(지네)이 있고 서쪽에는 계룡산(닭)이 남북으로 뻗어 있어 지네가 닭을 해친다는 설화에서 유래하였다. 괴양리의 양촌 음촌 개신(開新) 등 세 마을 부녀자들이 한 줄로 허리를 잡아 지네가 기어가는 것처럼 s자 형으로 걸어가면 문관과 무관 차림의 동자 셋이 지네행렬의 꼬리부분에 올라가 등을 밟고 걸어간다. 동자들의 머리에는 닭벼슬처럼 빨간 천을 씌워 지네와 상극인 닭이 지네를 제압하는 연출을 한다.

(3) 충남 연산 백중놀이

이 놀이는 조선 성종 때 좌의정을 지낸 김국광(金國光)의 업적을 기리기 위해 그의 생가가 있던 왕대리 인근 마을의 농민들이 백중날에 김국광의 묘에 참배한 뒤 두 개천에 모여 축제를 벌였다. 그 뒤 광산김씨들이 연산 일대로 옮겨 살면서 연산장터에서 놀이를 즐겼다고 한다.

이 놀이는 쌍룡기(雙龍旗)와 용기(龍旗)를 가진 마을로 나뉘어 놀이마당으로 들어가는 길놀이부터 시작해서 기 싸움으로 이어진다. 이어 용기집단이 쌍룡기에게 기세배(旗歲拜)를 올리고 농신제를 지낸다. 다음은 마을의 효부, 효자에게 상을 주고 불효자에게는 벌을 주며 농사 잘 지은 머슴을 뽑아 표창한다. 상을 받은 머슴을 가마에 태워 머슴놀이를 한 다음 상쇠의 인솔로 농악이 앞장서서 기 주위를 돌며 춤을 추는 뒤풀이로 끝난다.

이 밖에도 충북 괴산 백중놀이, 전북 전주의 백중놀이, 서울 송파 백중놀이 등이 있다.

5) 백중의 음식

백중의 계절음식은 따로 없으며 대개 여름철의 음식으로 더위를 견딜 수 있도록 기(氣)를 돋우고 몸을 보하게 하는 것이 특징이라 하겠다. 특히 경상도 지방에서는 백 가지(百種) 나물을 해 먹는다고 하는데 백 가지나 되는 나물을 장만할 수 없으므로 가지(茄子)의 껍질을 벗겨 희게 만든 백가지(白茄子) 나물을 만들어 먹는다.

전라도에서는 소라와 다슬기를 시식으로 먹고, 제주도에서는 빅개(일명 빅근다리)라는 바닷고기 회를 먹는다. 빅개는 제주도 한림 애월읍과 서귀포에서 많이 잡힌다고 한다.

(1) 증편

기주떡이라고도 하며 쌀가루에 술을 넣고 반죽하여 알맞게 발효시켜 찐 떡으로 쉽게 상하지 않고 새콤한 맛이 있어 여름철 음식으로 별미이다.

(2) 민어탕

민어를 손질하여 토막을 내고 고추장으로 간을 하여 도톰하게 썬 애호박을 넣고 파, 마늘, 생강 등으로 양념하여 자극성 있게 끓인 탕이다.

(3) 임자수탕

미나리, 오이, 버섯 등을 녹말에 씌워 데쳐서 깻국에 넣어 만든 냉탕이다.

깻국을 만들 때에는 닭을 고아 밭친 국물을 부어가며 갈아서 체에 밭친 다음 소금으로 간을 한다.

그 밖에도 계삼탕, 개장국, 육개장 등 여러 가지 음식이 있다.

추석(秋夕)

1) 추석의 어원

추석은 음력 8월 보름날로 가배(嘉俳), 가배일(嘉俳日), 한가위, 중추절(仲秋節), 중추가절(仲秋佳節)이라고도 한다.

추석이란 말은『예기(禮記)』「조춘일 추석월(朝春日 秋夕月)」에서 나왔으며 중추절(仲秋節)은 가을을 초추(初秋), 중추(中秋), 종추(終秋)로 구분할 때 8월이 그 가운데 들었으므로 붙인 이름이며 중추월석(仲秋月夕)을 축약해서 추석이라 하였다. 가위, 한가위는 순수한 우리말이며 가배는 가위를 이두식(吏讀式)의 한자로 쓰는 말이다.

(1) 추석의 유래

추석의 유래는 신라(新羅) 때부터 시작되었다고 한다.

중국의『수서(隋書)』「동이전(東夷傳) 신라조(新羅條)」에는 8월 15일이 되면 왕이 풍류를 베풀고 관리들을 시켜 활을 쏘게 하여 잘 쏜 자에게는 상으로 말이나 포목을 준다고 했으며『삼국사기(三國史記)』「신라본기(新羅本記) 유리이사금조(儒理尼師今條)」에는 왕이 6부를 정한 후 이를 두 패로 나누어 왕녀(王女) 두 사람으로 하여금 각각 부내(部內)의 여자들을 거느리고 편을 갈라 7월 16일부터 날마다 6부의 마당에 모여 베를 짜게 하여 밤늦게 일을 파하게 하고 8월 보름까지 그간의 공(功)의 다소를 살펴서 지는 편은 음식을 장만하여 이긴 편에게 사례하였다. 이때 노래와 춤을 추며 온갖 놀이를 다 했는데 이를 가배라 한다. 이때 진 편의 여자들이 일어나 춤추며 탄식하기를 "회소 회소(會蘇)" 하였는데 그 소리가 구슬프면서 아름다웠으므로 뒷사람들이 노래를 지어 회소곡(會蘇曲)이라 하였다고 한다.

이규경(李圭景)은 『오주연문장전산고(五洲衍文長箋散稿)』에서 추석의 관습이 가락국(駕洛國)에서 왔다고 하였다.

신라시대에 세시명절로 자리 잡은 추석은 고려시대에는 설날, 상원(上元 : 정월 대보름), 상사일(上巳日 : 삼짇날), 한식, 단오, 중구(重九), 동지(冬至), 팔관회(八關會)와 함께 9대 속절(俗節)이었으며 조선시대에는 설날, 한식, 단오와 더불어 4대 명절 중 하나가 되었다.

(2) 의례(儀禮)와 절식(節食)

추석은 추수감사제 같은 성격으로, 올벼로 송편을 빚어 조상께 올려 천신(薦神), 곧 차례(茶禮)를 지내고 성묘(省墓)하는 것이 중요한 행사이다. 즉 추석 전에 조상의 산소를 찾아 여름 동안 묘소에 무성하게 자란 잡초를 벌초한 다음

추석날 아침에 햇곡으로 빚은 송편과 각종 음식을 장만하여 차례를 지낸다. 차례는 조선 후기부터 관행된 4대 봉사를 하였으나 요즈음은 2대 봉사하는 집이 늘어나고 있다.

동족마을에서는 집집마다 차례를 지내고 끝으로 큰댁, 곧 종택(宗宅)에 모여 사당 문을 열고 차례를 올린 뒤 친척이 모여 그 음식으로 음복(飲福)을 하였다. "더도 말고 덜도 말고 한가위만 같아라"란 말이 있듯이 '이보다 더 좋은 날이 있으랴'라는 뜻이다. 또 "5월 농부 8월 신선"이라는 말과 같이 풍성한 추석은 명절 중의 명절이었다.

그러나 근래에는 도시로 나갔던 젊은이들이 고향을 찾아 부모님과 친척을 뵙고 차례를 지내기도 하지만 조상 묘소를 찾아 바쁘게 성묘만 하는 경우가 늘고 있다. 천신 풍속이 점차 사라지는 것이다.

추석 명절식으로는 시루떡, 인절미 등도 빚지만 송편과 함께 토란국을 차례상에 올리기도 한다.

송편은 쌀가루를 익반죽하여 햇녹두, 청태콩, 동부, 깨, 밤, 대추, 고구마, 곶감, 계핏가루 같은 것을 소로 넣어 둥글게 빚는다. 송편이란 이름은 송편을 찔 때 켜마다 솔잎을 깔기 때문에 붙여진 이름이다. 쌀가루를 반죽할 때 쑥을 넣은 것은 쑥송편이라 하며 붉은색의 송기를 넣은 것을 송기송편이라 한다. 또 햅쌀로 빚은 송편을 오려송편이라 하는데, 오려란 올벼, 곧 일찍 수확한 벼를 말한다.

토란국은 다시마와 쇠고기를 섞어서 끓인다. 또한 화양적과 누름적도 명절식이다. 화양적은 햇버섯, 도라지, 쇠고기에 갖은양념을 하여 볶아 꼬챙이에 끼운 음식이며 누름적은 밀가루나 달걀을 묻혀서 지진 음식으로 차례상에 올린다. 또 닭찜도 하며 찹쌀가루를 쪄서 둥근 떡을 만들고 삶은 밤을 꿀에 개어 붙이는 율단자도 추석의 명절식이다. 밤 대신 토란을 사용한 토란단자도 이때 먹는다. 또 송이버섯으로 송이전, 송이전골 등도 만든다.

술은 햅쌀로 빚은 신도주(新稻酒)가 있다.

(3) 추석놀이

추석놀이로는 강강술래, 줄다리기, 씨름, 소싸움 등 여러 가지 놀이가 있다.

강강술래는 여성들이 보름달 아래에서 원무(圓舞)를 만들며 노는 놀이로서, 여성 자체가 생산의 주체로서, 풍요를 상징하고 달을 비유하고 있다. 따라서 풍농을 기원하고 예측하는 신앙적인 의미도 내포한 놀이로 볼 수 있다.

소싸움은 마을이나 강변에서 하는데 황소 두 마리를 풀어놓으면 서로 머리를 맞대고 뿔로 밀고 받으며 열을 올린다. 힘이 모자란 소는 슬금슬금 도망가게 되어 승부가 결정된다. 이긴 소는 목과 뿔을 비단과 종이꽃으로 장식하고 집으로 돌아온다. 근래에는 경북 청도의 소싸움이 전통을 잇고 있다.

소놀이는 멍석을 쓰고 소 모양으로 가장하여 집집마다 찾아다니며 즐겁게 놀아주고 음식을 나누어 먹는 풍년기원 놀이이다. 또 거북놀이가 있는데 이 놀이는 소 대신 거북으로 가장하여 노는 놀이이다.

　속신(俗信)으로는 추석에 비가 내리면 이듬해에 보리농사가 흉작이 되며 또한 달이 보이지 않으면 개구리는 알을 배지 못하고 토끼도 새끼를 배지 못한다고 한다. 메밀 등 곡식도 흉작이 된다고 하며 구름이 적당히 떠 있으면 풍년이 든다고 한다.

　농경사회에서 보름달은 풍요와 다산을 상징하여 중시되었다. 수확 직전의 알이 꽉 찬 모습이 보름달이다. 따라서 추석은 달의 명절이기도 하다.

중양절(重陽節)

1) 중양절의 뜻

중양절은 음력 9월 9일로, 달(月)과 날짜의 숫자가 같은 중일(重日), 곧 양수(陽數)가 겹치는 날로 중구(重九)라고도 한다. 중구라는 이름은 고대 중국 진(晉)나라 도연명(陶淵明)이 『구일한거시서(九日閒居詩序)』에 "내가 한가로이 지내면서 중구라는 이름을 좋아하는 것은 국화가 뜰에 가득하고 술을 즐길 수 있기 때문이다"(余閒居 愛重九之名 秋菊盈園而持醪靡由)라는 데서 붙여진 것으로 추측된다.

음양사상에서 기수(奇數 ; 홀수)는 양(陽)에 속하며 양수가 겹치는 날을 길일(吉日)로 생각하여 3.3일, 5.5일, 7.7일, 9.9일과 같은 날을 명절로 정하였다. 삼짇날 강남에서 온 제비가 중굿날 다시 돌아간다고 한다.

2) 유래

중양절은 중국 한족의 전통적인 명절로, 당(唐), 송(宋)시대에는 추석보다 더 큰 명절로 지켜왔다고 한다. 중요한 행사로는 등고회(登高會)가 있다.

전설에 의하면 동한(東漢) 때 비장방(費長房)이라는 유명한 도인(道人)이 어느 날 문하생인 항경(恒景)에게 "자네 집은 구월 구일에 큰 재앙을 만나게 될 터이니 집안사람들과 함께 수유(茱萸)를 담은 배낭을 메고 높은 산에 올라가 국화주를 마시면 재난을 면할 수 있네"라고 하였다. 항경이 그가 시킨 대로 가족을 데리고 산에 올라갔다가 집에 돌아오니 키우던 가축이 모두 죽어 있었다고 한다. 이 뒤부터 이날이 오면 수유 주머니를 차고 산에 올라 국화주를 마시며 단풍을 감상하는 풍속이 시작되었다고 한다. 그러나 나쁜 기운을 제거하기 위해 수유 주머니를 찼으며 노화현상을 막기 위해 국화주를 마신다는 기능적인 해석도 있다.

우리나라에는 신라(新羅) 때부터 있었으며 고려시대에는 널리 행해졌고 조선 세종 때에는 추석 때 베풀던 기로연(耆老宴)을 중구로 옮기고 임시 과거시험도 보았다고 한다.

3) 중양절의 의식

(1) 기로연(耆老宴)

기로연은 조선시대 70세 이상의 관료들에게 국가에서 베풀던 잔치로, 태조 이후 기로회, 기영회(耆英會), 중구연(重九宴) 등 여러 이름으로 불렸으며 국가에서는 정2품 실직(實職)을 지낸 70세 이상의 문신만 참석하였으며 2품 이상의 종친(宗親)을 위한 기영회와는 구분되었다.

기로연의 유래에 대해서 권근(權近)은 『후기로회서(後耆老會序)』에서 고려시대 최당(崔讜)이 당(唐)의 백낙천과 송(宋)의 문로공의 모임을 본떠 조직한 기로회에서 시작되었다고 하였다. 조선 후기 영조(英祖) 때에는 나이 많은 일반 백성들도 참여한 것으로 보아 현재 양로연(養老宴)과 비슷한 성격을 띤 것으로 볼 수 있다.

(2) 무후제(無後祭)

무후제란 제삿날을 모르는 조상이나 자손이 없는 사람에게 지내는 제사로, 중구에 지내기 때문에 구일제(九日祭), 구일차례(九日茶禮), 무후제 또는 망제

(忘祭)라고도 불렀다. 이 망제는 유래는 알 수 없으나 조선시대에는 전국 고을마다 여제단(厲祭壇)을 설치하고 국가에서 지냈다.

강원도 삼척, 태백 등 탄광지대에는 떠돌아다니던 광부나 유랑민이 있었는데 이들이 후사가 없이 죽은 경우 무후제를 지내주었다. 제사는 유가식(儒家式)으로 진행하였으며 태백시 장성동에는 무후제비(無後祭碑)가 있다. 이 제사는 외로운 영혼을 위로함으로써 산 사람들의 평안을 찾자는 마음도 깔려 있다.

(3) 중구차례(重九茶禮)

추석 때 햇곡식이 나오지 않을 경우 중양절에 차례를 지낸다. 지역에 따라 중구차사(重九茶祀), 중귀차사, 중기차례, 구일차례라고도 하며 명절에 조상신에게 올리는 천신(薦新)으로, 햇곡식이 나왔다는 것을 알리는 감사의 뜻이 담겨 있다. 즉 추석에 햇곡식이 나오지 않아 천신을 할 수 없어 가까운 명절인 중구에 천신한 것이다.

유래는 알 수 없으나 정학유(丁學游)의 『농가월령가(農家月令歌)』 9월령의 "구월 구일 가절이라 화전(花煎)하여 천신하세" 등의 내용으로 보아 조선 후기에는 중구차사가 일반화되었음을 알 수 있다.

(4) 구절초(九節草) 뜯기

구절초는 우리나라 산야에 자생하는 국화과에 속하는 여러해살이풀로, 약용으로도 쓰이는데 중구에 뜯으면 효험이 가장 좋다고 한다. 중굿날 뜯으면 약효가 좋다고 하여 구일초(九日草)라고도 하고 9월에 꺾는다고 하여 구절초(九折草)라고도 하며 여자에게 좋다고 하여 선모초(仙母草)라고도 한다.

구절초는 꽃이 아름다워 관상용으로도 쓰이지만 환약을 만들어 건강식품으로도 사용한다. 즉, 건위(健胃), 보익(補益), 강장(强壯), 정혈(淨血)의 약효가 있으며, 특히 자궁냉증, 생리불순, 불임증 등을 치료하는 데 효험이 있어 여자들에게 영약(靈藥)으로 알려져 왔다.

4) 중양절의 절식(節食)

(1) 국화주(菊花酒)

국화로 빚은 술로 중양절에 국화전과 함께 즐기는 계절주이다. 국화주는 조선시대 중양절에 산에 오르면서 야산에 핀 감국(甘菊)을 따서 술에 띄워 마시는 가향주(佳香酒)이다. 평소에 빚어 마시는 가양주(家釀酒)에 감국을 드리워 그 향기와 가을의 계절감을 느끼게 하는 그 시대 선비들의 독특한 풍류이기도 하다. 당시 민가에서는 술을 빚을 때 생화(生花 : 국화)를 솔잎과 함께 직접 버무려 넣기도 하며, 또 국화 외에 숙지황, 구기자, 지골피(地骨皮 : 구기자나무 뿌리의 껍질)를 함께 넣어 향기와 약효를 더한다.

따라서 국화주는 향기도 좋지만 몸이 가벼워지고 정신이 맑아지며 피를 맑게 하는, 곧 말초혈관 확장의 효능이 있어 예로부터 장수주(長壽酒)로 알려져 사랑받아 왔다.

(2) 국화전(菊花煎)

국화전은 찹쌀가루를 익반죽하여 동그랗게 만들고 그 위에 국화꽃잎을 붙여 기름에 지져내는 음식으로, 중양절에 만들어 먹었으며 한자로 국고(菊糕) 또는 국고(菊餻)라고도 한다. 홍석모(洪錫謨)의『동국세시기(東國歲時記)』에는 누런 국화를 따다가 찹쌀떡을 만든다. 이는 진달래떡을 만드는 방법과 같으며 이 것을 화전이라 하였다. 그러나 진달래나 장미는 많이 넣어도 좋지만 국화는 많이 넣으면 쓰다고 한다.

20세기 초반까지도 많이 해 먹었으나 1970년대 이후 국화전은 절식으로 사라져가고 있다.

(3) 밤떡(栗糕)

찹쌀가루를 삶아 으깬 밤을 넣어 버무린 후 잣을 고명으로 얹어 찐 떡으로 중양절의 절식이며 율고 또는 밤가루설기라고도 한다. 밤떡은 주로 찹쌀가루를 사용하지만 멥쌀가루를 사용하는 경우도 있고 고명으로 수박씨를 함께 쓰기도 한다.

밤은 곡식에 가까운 성분으로 당질이 주성분이며 소화율도 높다. 칼슘, 철과 같은 비타민과 무기질이 골고루 들어 있어 특히 성장기 어린이들에게 좋다고 한다.

(4) 유자화채(柚子花菜)

유자 껍질을 얇게 썰고 배도 채 썰어 넣은 것으로 후식으로 즐기던 전통 음식이다.

유자 껍질은 흰 부분과 노란 부분으로 나누어 채 썰고, 배는 채 썰어 설탕에 재운 다음 유자와 배를 담고 석류알과 잣을 가운데 담아 설탕물을 부으면 석류 알과 잣이 떠 있어 아름다우며 향기가 나고 맛도 좋다.

유자는 피로회복에 좋고 감기에 대한 저항력을 길러주며 소화액 분비를 촉 진시켜 줄 뿐 아니라 중풍 예방에도 효과가 있다고 한다.

5) 중양절의 놀이

(1) 등고(登高)

중양절에 높은 산에 올라 술잔을 기울이면서 단풍을 감상하고 시(詩)를 지어 읊으며 풍류를 즐기던 단풍놀이로서 시회(詩會), 중양놀이, 중양풍채유(重陽楓 菜遊) 등 여러 이름으로 불렀다.

유래는 앞서 말했듯이 남조(南朝)의 양(梁)나라 사람 오균(吳均)이 지은『속 제해기(續齊諧記)』에 따르면 후한(後漢) 때 사람 항경(恒景, 또는 桓景)의 고사 에서 비롯되었다고 한다.

경북 영덕군 영해면 원구리 뒷산을 중구봉(重九峯)이라 하는데 조선시대 이 산에 올라 시주(詩酒)를 즐겼다 하여 붙여진 이름이라고 한다.

중국에서는 재액을 피하고 장수를 바랐지만 우리나라에서는 단풍을 감상하 면서 풍류를 즐긴 것으로 전해져 왔다. 이제 중구(重九)의 의미는 사라지고 있 지만 이 풍습은 가을철 단풍놀이로 이어지고 있다.

(2) 벽골제 쌍룡놀이(碧骨堤雙龍--)

전라북도 김제시 부량면 신용리 용골마을에 옛날 벽골제를 지키고자 했던 단야(丹若)낭자의 희생정신을 기리기 위한 놀이로서 중양절에 행해지고 있으며 현재 전라북도 민속자료 제10호로 지정되어 있다.

전설에 의하면 김제시 월촌동과 김제시 부량면의 경계를 이루는 원평천을 가로막은 벽골제방 하류지점 신털미산(草鞋山) 북쪽 용추(龍湫)에 백룡(白龍)이 살면서 벽골제를 수호하였는데, 부량면 용골마을 남단 연포천(蓮浦川)에는 청룡(靑龍)이 살아 이 두 곳을 쌍룡추라 하였다.

백룡은 온후하여 제방을 지켜주고 인간을 보호하였으나 청룡은 성질이 사나워 비바람을 일으켜 제방과 가옥, 그리고 인명까지 해쳤다. 백룡이 충고하였으나 청룡의 난폭한 행동이 계속되자 백룡과 청룡의 싸움으로까지 번지게 되었다. 이때 벽골제가 붕괴 직전에 놓여 보수공사를 하게 되는데, 청룡이 마을의 안녕과 풍년을 보장한다면서 김제태수(金堤太守)의 외동딸 단야의 목숨을 요구하자 단야낭자는 벽골제를 지키고 김제 만경평야의 풍년을 위해 목숨을 바친다. 단야의 거룩한 희생정신에 감복한 청룡은 물러가고 평화를 찾게 되었다는 이야기이다.

이 놀이는 단야낭자의 설화를 중심으로 축제공사, 쌍룡놀이, 단야의 희생, 단야의 소생 순으로 진행된다.

벽골제를 수호하기 위해 자신을 희생한 한 여인의 정신을 기리는 제사를 모시고 농사에서 비를 관장한다는 용을 등장시켜 풍농을 기원하는 이 놀이가 추수기인 음력 9월 9일, 곧 중양절에 행사한다는 데 의의가 있다.

시제(時祭)

1) 시제의 의의

시제(時祭)에는 한식(寒食) 또는 음력 10월에 묘소(墓所)에서 지내는 묘사(墓祀)가 있고 사당에서 설, 한식, 단오, 추석, 동지 같은 명절에 4대조{(고조, 증조, 조고, 고(考)}에게 지내는 차사(茶祀)가 있다.

묘사인 경우 5대조 이상의 조상을 모시는 것을 묘제(墓祭)라고도 하며 4대조에 대한 묘제를 사산제(私山祭)라고도 한다. 또 일 년에 한 번 모신다고 하여 세일제(歲一祭), 또는 세일사(歲一祀)라고도 하며, 때에 묘제를 지낸다고 하여 시사(時祀), 시향(時享)이라고도 하며 묘사, 묘전제사(墓前祭祀)라고도 한다.

묘제의 제물(祭物)은 종중(宗中)의 위토(位土)를 경작하는 후손이 차리기도 하고 묘지를 관리하는 산지기가 반병(飯餠)과 주찬(酒饌), 과실 등을 준비한다.

위토는 자손들이 돈이나 곡식을 모아 전답(田畓)을 사서 문중답(門中畓)으로 만든 뒤 그 전답의 수확으로 산소를 돌보고 시사 때 제물을 준비한다.

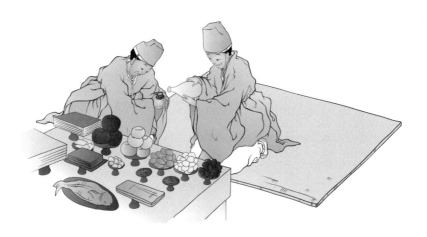

시사 때에는 후손들이 많이 참사(參祀)하는 것을 자랑으로 여기며 산소(山所)가 명당(明堂)일수록 자손이 발복(發福)받는다고 전한다.

한편 일 년에 철마다 지내는 사당(祠堂, 家廟)제사를 시제라고도 한다. 시제의 절차는 고례(古禮)에 따라 계절마다 중월(仲月), 곧 음력으로 2월, 5월, 8월, 11월에 지냈으며 전달 하순에 날짜를 정일(丁日)이나 해일(亥日) 중에서 정했다. 혹 집안의 연고가 있으면 계월(季月, 계절의 마지막 달인 3, 6, 9, 12월)에 지내기도 하였다. 그러나 국상(國喪)을 당하여 졸곡(卒哭)이 지나지 않으면 시제를 중지해야 했다. 날짜가 정해지면 사당에 나가 분향(焚香) 재배(再拜)하고 부복(俯伏)하면 축관(祝官)이 축문(祝文)을 읽어 차사의 날짜가 정해졌음을 알린다. 3일 전에는 목욕재계하고 하루 전에는 정침(正寢)을 깨끗이 청소하고 교의(交椅)와 탁자를 닦아 정결하게 한다. 고조 고비(高祖 考妣), 증조 고비(曾祖 考妣), 조 고비(祖 考妣), 고비(考妣)의 차례로 신주(神主)를 모시는데 한 대마다 교의 하나에 탁자 하나씩을 쓰는 것이 원칙이다. 당일 날이 밝으면 사당으로 나가 차사를 지냈으나 시대의 변천에 따라 이제는 설과 추석에 전통적인 가문에서 면면히 이어질 뿐 거의 사라져가고 있다.

2) 시제의 유래와 변천

『주자가례(朱子家禮)』의 시제는 2월, 5월, 8월, 11월 중 사당에 모신 4대조의 신주를 안채나 사랑채의 대청에 함께 모시고 지내는 제사로 중히 여겼으며 국가 제사로는 종묘시향(宗廟時享)이 1월, 4월, 7월, 10월 중에 거행한 것에 반해, 사대부가(士大夫家)의 사시제는 다음 달인 2월, 5월, 8월, 11월에 지내도록 하였다.

묘제(墓祭)는 고려(高麗)시대부터 중시하여 사시마다 묘소에서 절사(節祀 :

철로서 명절을 따라 지내는 제사)를 지냈기 때문에 사시제와 중복되었다. 그래서 설, 단오, 추석, 동지에는 사당에서 다례(茶禮)를 올렸고 한식과 10월에는 묘제(墓祭)를 지냈다.

시대가 지나면서 설, 한식, 단오, 추석, 동지 등 명절에 사당에서 4대조에게 지내는 차사가 되어갔고 제수(祭需)도 전에 주과포(酒果脯)를 중심으로 명절 때마다 절식(節食)을 올리던 것에서 기제(忌祭)에 준하도록 마련하게 되었다.

묘제는 『주자가례(朱子家禮)』에 따라 일 년에 한 번 3월에 묘소에서 4대조를 포함해서 선조까지 제사를 지내거나 5대조 이상은 한식 또는 10월에 지내기도 하여 시사(時祀)로 인식되어 갔으며 그 뒤 묘제는 한식과 10월에 지냈는데 현재는 어떤 가문에서는 한식에 지내기도 하지만 대부분 10월에 정일(定日)해서 지내는 경우가 많다. 따라서 일 년에 두 번 지내던 묘제를 한식이나 10월에 한 번 지낸다. 현재는 10월에 젊은 후손들의 참사를 위해 토·일요일을 택해서 지내기도 하며, 사산제의 경우 연휴인 추석 때 성묘(省墓)하는 사람들이 많아졌고 차사는 지내지 않는 집이 늘고 있다.

3) 묘제의 내용

묘제는 묘소, 즉 산소에서 지내는 것이 원칙이나 비가 올 경우 재실(齋室)에서 지방(紙榜)으로 대신하고 망제(望祭)를 지내기도 하는데, 현재는 비가 오지 않아도 재실에서 지방으로 합동묘제를 지내기도 한다.

퇴계(退溪) 이황(李滉)은 "같은 언덕에 묘가 많아서 각각 제사를 지내는 폐가 많으니 묘역을 청소한 뒤 재실에서 지방을 써서 합동으로 제사하는 것과 같지 못하다"라고 한 것처럼 재실이나 묘소 아래 제단을 만들고 지내기도 한다.

재실에서 지낼 경우 강신(降神) 후에 참신(參神)을 하며 신주를 모실 경우 모든 제관(祭官)이 참신 후에 강신한다. 분축(焚祝)할 때에는 지방도 함께 태운다. 불천위(不遷位)의 경우도 10월 묘제에 함께 모신다. 순차(順次)는 다음과 같다.

(1) 진설(陳設) : 석상(石床)에 제물을 차린다. 기제(忌祭)에는 강신 후에 메(밥)와 갱(국)을 차리지만 묘제는 진설 때 모든 제물을 차린다.

(2) 강신(降神) : 주인이 분향, 강신하고 재배한다. 『주자가례』에서는 참신 후 강신한다고 했으나 『상례비요(喪禮備要)』 등에는 강신 후에 참신한다고 하였다.

(3) 참신(參神) : 제관이 모두 재배한다. 신주를 모시면 먼저 참신하고 강신한다.

(4) 초헌(初獻) : 주인이 잔을 올리고 축관(祝官)이 주인 왼쪽에서 축문(祝文)을 읽는다. 독축(讀祝)이 끝나면 주인이 재배한다. 집사자(執事者) 한 사람이 술을 거두어 퇴주기에 붓는다.

(5) 아헌(亞獻) : 두 번째 잔을 올리고 재배한다.

(6) 종헌(終獻) : 세 번째 잔을 올리고 재배한다.

(7) 유식(侑食)과 합문(闔門) : 『사례집의(四禮集儀)』에는 첨작(添酌)은 없다고 하였다. 그러나 첨작하는 가문도 있다. 참사자 모두 부복하거나 국궁(鞠躬)을 한다.

(8) 계문(啓門)과 진다(進茶) : 묘제에는 계문과 진다 절차가 없다. 집사자가 국을 물리고 숭늉을 올린다. 조금 기다리다가 집사자가 밥뚜껑을 닫고 제자리로 돌아간다. 축관이 헛기침을 세 번 하면 모두 일어선 뒤 숭늉을 올리고 국궁한다.(메와 갱을 올리지 않을 경우 사신재배(辭神再拜)한다.

(9) 사신(辭神) : 국궁 후에 집사자가 숟가락과 젓가락을 내리고 내려오면 참
사자 모두 재배한다. 그러나 조상신이 흠향(歆饗)하시는데 수저를 내리
는 것은 불경(不敬)스럽다 하여 그대로 두고 조용히 재배하기도 한다.

(10) 분축(焚祝) : 축관이 축문을 불사르고 집사자는 제상의 음식을 물린다.
이어 산신제(山神祭)를 지낸다. 산신제는 가장 높은 위(位)의 묘소 왼쪽
에서 지낸다. 시제를 지내기 전에 산신제를 먼저 지내기도 한다.
현재는 묘소 아래 제단(祭壇)을 만들어놓고 합동으로 시사(時祀)를 지
내는 집이 늘어나고 있으며, 사산제일 경우 추석 때 성묘하고 축문도 없
이 주과(酒果)로 간단히 지내기도 한다.

동지(冬至)

1) 동지의 뜻

음력 11월을 동짓달이라 부르며, 옛 문서에는 지월(至月)이라 쓰는 것을 볼 수 있다. 즉, 동짓달이라 한 것은 동지의 달, 곧 동지가 들어 있는 달의 줄임말이며, 지월이라 한 것은 양(陽)의 기운이 처음 생기는 동지가 들어 있는 달이어서 붙여진 이름으로, 남지(南至)라고도 하고, 동지는 지일(至日)이라고도 하며, 아세(亞歲), 수세(首歲) 또는 작은 설이라고도 하였다. 아세란 버금가는 작은 설이라는 뜻이며, 수세란 한 해가 시작되는 첫 번째 날이라는 뜻이다. 일 년 중 밤이 가장 길어 호랑이가 교미한다고 하여 호랑이 장가가는 날이라고도 하였다.

동지는 이날이 되면 짧아지는 날이 극에 달하고 다시 회복되어 길어지기 때문에 이날을 기준으로 일 년의 시작으로 삼아 왔다.

2) 동지의 유래

동지는 신라(新羅)시대부터 있었다.

중국 당(唐)나라 역서(曆書)인『선명력(宣明曆)』에는 이날을 역(曆)의 시작으로 보았으며『주역(周易)』에서도 11월을 자월(子月)이라 해서 동짓달을 일 년의 시작으로 삼았다. 우리나라는 고려(高麗) 후기 원(元)나라의 수시력(授時曆)으로 바뀌기 전까지는 동지를 설로 지낸 것으로 짐작된다.

동지가 동짓달 초순에 들면 애동지(兒冬至), 중순에 들면 중동지(中冬至), 그믐 무렵에 들면 노동지(老冬至)라 하고 또 일진(日辰)에 병(丙)자가 드는 날을 병동지(丙冬至)라고도 한다.

"동지팥죽을 먹어야 나이를 한 살 더 먹는다는 말이 있듯이 동짓날에는 팥죽을 쑤어 먹는다. 그러나 애동지가 들면 아이가 있는 집에서는 아이에게 좋지 않다고 해서 팥죽을 쑤어 먹지 않고 떡을 해 먹으며, 강원도에서는 일진에 병자가 들 때는 병동지라 하여 팥죽을 쑤어 먹지 않는다.

동지팥죽의 유래는 다음과 같다. 고대 중국 공공씨(共工氏)에게 모자라는 아들이 있었는데 동짓날에 죽어 역귀(疫鬼)가 되어 붉은 팥을 무서워하기 때문에 동짓날 팥죽은 역귀를 물리친다고 『형초세시기(荊楚歲時記)』에 전한다. 이 뒤부터 팥죽을 쑤어 역귀를 쫓는 풍속이 생겼다고 한다.

3) 동지 풍속

동짓날이 되면 조선시대 궁중에서는 군신(君臣)이 모여 회례연(會禮宴)을 베풀었으며, 중국에 동지사(冬至使)를 파견하여 이날을 축하했다. 각 지방의 수

령(守令)들은 임금에게 전문(箋文)을 올려 진하(陳賀)하였다.

『동국세시기(東國歲時記)』에는 "관상감(觀象監)에서는 새해 달력을 만들어 바쳤으며, 나라에서는 이 책에 「동문지보(同文之寶)」라는 어새(御璽)를 찍어 백관(百官)들에게 나누어주었다. 이 달력은 황장력(黃粧曆) · 청장력(靑粧曆) · 백장력(白粧曆)의 구분이 있었고 관원(官員)들은 이 달력을 친지들에게 나누어주었다. 이조(吏曹)에서는 지방 수령들에게 표지기 파란 청장력을 선사하였다. 단오에는 부채, 동지에는 달력을 선물하는 것을 하선동력(夏扇冬曆)이라 하였다.

또 동지에는 버선을 선물하였는데 이를 동지헌말(冬至獻襪)이라 했으며, 종묘(宗廟)에는 청어(靑魚)를 천신(薦新)하였다.

민간에서는 동지부적(冬至符籍)이라 하여 뱀사(蛇)자를 써서 거꾸로 붙여, 잡귀(雜鬼)를 막는 속신(俗信)이 있었으며, 이날 팥죽을 쑤어 먹지 않으면 쉬이 늙고 잔병이 생기며 잡귀가 성행한다는 속신도 있었다.

동지팥죽은 팥으로 죽을 만들며 찹쌀로 새알만 한 크기로 단자(團餈)를 만들어 죽에 넣는데, 이를 새알심이라고 한다. 팥죽이 다 되면 먼저 사당에 올려 동지고사(冬至告祀)를 지내고 성주와 용단지 · 방 · 마루 · 장독 · 헛간 등 집안 여러 곳에 놓기도 한다. 또한 가정이 편안하고 액운(厄運)이 물러가라고 빌기도 하였다. 또 팥죽을 솔가지에 적셔 집안 곳곳에 뿌리기도 하였다. 이것은 팥의 붉은색이 양색(陽色)이므로 음귀(陰鬼)를 쫓는 데 효과가 있다고 믿었기 때문이며, 또 붉은 팥은 예로부터 벽사(辟邪)의 힘이 있는 것으로 믿어 잡귀를 쫓는 데 사용되었다.

팥죽에 찹쌀이나 수수쌀로 만든 옹알심을 넣어 나이 수대로 먹으면 나이가 한 살 더 먹는다고 하였으며, 일꾼들은 이날 팥죽 아홉 그릇을 먹고 나무 아홉 짐을 져야 한다고 하였다.

이날 가까운 절에 가서 동지불공(冬至佛供)을 드리기도 했으며, 특히 애동지에는 팥시루떡을 해서 먹었다.

흐린 우물에 팥을 넣으면 물이 맑아지고 질병이 없어진다고 하며, 초상을 당하면 팥죽을 쑤어 상가(喪家)에 보내기도 했는데, 이것은 상가에서 악귀를 쫓기 위한 것으로서, 이제는 이러한 풍속들이 모두 사라지고 있다.

동짓날 더워서 팥죽이 쉬면 이듬해 농사가 풍년이 든다고 하며, 또 동짓날 눈이 오고 날씨가 추우면 그해 풍년이 들 징조라고 전해온다.

팥은 단독(丹毒)에 특효가 있으며 설사 · 해열 · 산전산후통 · 진통 등에도 효과가 있는 것으로 알려져 있다.

납일(臘日)

1) 납일의 뜻

납일은 동지(冬至) 뒤 세 번째 미일(未日)로, 한 해 동안 지은 농사 형편과 그 밖의 일을 여러 신(神)에게 고하는 제삿날로서, 납향(臘享) 또는 납평(臘平)이라 하고 팔사(八蜡)라고도 한다.

납(臘)은 음력 12월인 섣달을 뜻하며, 평(平)은 그동안 잘 다스려진 것에 대해 감사의 제사를 지낸다는 뜻이다. 또 팔사란 『예기(禮記)』「교특생(郊特牲)」에 천자대사팔(天子大蜡八), 곧 천자가 여덟 신에게 큰 제사를 지낸다고 하였는데 사(蜡)란 찾는다는 뜻으로 12월에 공이 있는 만물을 찾아 보답하고 다음 해에도 잘 돌보아 줄 것을 빌었다는 제사로서, 이를 근거로 납향을 팔사에서 유래한 것으로 보고 있다.

2) 납일의 유래

부여(夫餘)에서는 영고(迎鼓)라 하여 12월 중 하루를 택하여 하늘에 제사 지내는 풍속이 있었으며, 신라(新羅)에서는 12월 인일(寅日)에 제사를 지냈고 고려(高麗) 문종(文宗) 때는 동지 후 셋째 술일(戌日)로 정하여 지냈는데, 조선 태조(太祖) 이후부터 미일(未日)로 정하였다. 그것은 동방이 음양오행 중 목(木)에 속하기 때문이다. 이수광(李睟光)은 『지봉유설(芝峰類說)』에서 중국 한나라 때 학자인 채옹(蔡邕)의 설을 인용하여 청제(靑帝)는 봄을 맡은 동쪽의 신으로 미일(未日), 적제(赤帝)는 여름을 맡은 남쪽의 신으로 술일(戌日). 백제(白帝)는 가을을 맡은 서쪽의 신으로 축일(丑日), 흑제(黑帝)는 겨울을 맡은 북쪽의 신으로 진일(辰日)로 하였는데, 우리나라는 동방에 위치하여 목(木)에 속하므로 미일(未日)을 납일로 정하였다고 하였다.

3) 납일의 풍속

(1) 납향(臘享)

납일은 음력으로 12월 연말이므로 지난 일 년을 돌아보고 한 해 동안의 농사 형편과 그 밖의 일을 고하는 제사를 묘사(廟社)에서 지내는데 조정에서는 나라 형편에 대하여 종묘(宗廟)와 사직(社稷)에 고하는 대향사(大享祀)를 행하였으며 이것을 납향제 또는 연종제(年終祭)라고도 하였다. 납향에는 멧돼지와 산토끼를 주로 썼는데 이것을 납육(臘肉)이라 하였다.

민간에서도 명절에 지내는 것처럼 제사를 지냈다.

(2) 작포(雀捕)

납일의 납(臘)자는 사냥한다는 뜻의 렵(獵)자에서 유래된 글자로 이날 사냥하는 풍속이 있다. 납일에 참새를 먹으면 영양(榮養)이 된다고 하며 특히 어린이에게 먹이면 마마(천연두)에 잘 걸리지 않는다고 하여 서울 장안에서는 새총을 쏘지 못하게 되어 있는데 이날은 참새 잡는 것을 허용했으며 농촌에서는 청소년들이 패를 지어 새 통발을 추녀에 대고 긴 막대기로 추녀를 치면 새들이 자다가 놀라서 나오다가 통발 속으로 들어간다. 또는 손을 지붕의 새집에 넣어 잡기도 하고 새들이 많이 있는 대밭을 찾아가 그물을 치고 대나무숲을 흔들면 놀라서 날아가려다가 그물에 걸리게 된다. 납일에 잡은 새는 맛도 있으며 어린 아이가 먹으면 병에도 잘 걸리지 않고 침을 흘리지 않는다고 전한다.

새는 여름에는 벌레와 풀을 뜯어 먹어 맛이 없으나 가을부터는 곡식만 주워 먹어 납일 무렵이면 제일 맛있다고 한다. 참새잡이 등 납일에 잡은 고기를 납육(臘肉), 즉 납일 고기라고 한다.

(3) 납일의 눈(雪)

납일에 온 눈은 약이 된다는 전설이 있다. 이날 눈이 오면 받아서 깨끗한 독 안에 담아두었다가 그 물로 환약을 만들 때 반죽하고 안질이 있을 때 그 물로 씻으면 효과가 있다고 하며 책이나 옷에 바르면 좀이 먹지 않고 김장독에 넣으면 김장의 맛이 변하지 않아 오래 저장할 수 있다고 한다. 그러므로 납일에 오는 눈을 납평치(臘平治) 또는 납설수(臘雪水)라고 한다.

(4) 납약(臘藥)

조선시대에는 납일이 되면 내의원(內醫院)에서 여러 가지 환약을 제조하여 바쳤다.

『동국세시기(東國歲時記)』에 의하면 내의원에서 각종 환약을 올렸는데 이것을 납약진상(臘藥進上)이라 하였다. 왕은 그 환약을 근시(近侍)와 지밀나인(至密內人) 등에게 나눠주었다. 중요한 환약은 청심원(淸心元), 안신원(安神元), 소합원(蘇合元) 등이다. 청심원은 정신치료 및 소화불량에, 안신원은 열을 다스리는 데, 그리고 소합원은 곽란(癨亂)을 다스리는 데 효과가 있다고 하였다. 정조(正祖) 14년(1790)에 새로 제중단(濟衆丹)과 광제환(廣濟丸)이 제조되었는데 소합원보다 효과가 좋아 그것을 모두 영문(營門)에 나눠주어 군사들을 치료하는 데 쓰게 하였다. 또 기로소(耆老所)에서도 약을 만들어 기신(耆臣 : 老臣) 및 각사(各司)에 나눠주고 각 관청에서도 만들어 서로 선물도 하였다. 이날 제조한 약을 납약이라 한다.

『열양세시기(洌陽歲時記)』에는 중국 북경사람들은 청심환이 죽어가는 병자들을 소생시키는 신단(神丹)이라 하여 우리 사신들이 북경에 가면 왕공(王公), 귀인(貴人)들이 모여 구걸하지 않는 자가 없었다고 하며 그것이 귀찮아 약방문을 전해주어도 만들지 못하였다. 특히 북경 안에는 우황이 없어 낙타 쓸개를 대용하므로 약방문대로 만들어도 복용해 보면 영묘한 효력이 없었다는 기록이 있다.

(5) 납향 엿

납일이 되면 충청도와 전라도에서는 엿을 고는 풍속이 있다. 납일에 엿을 고면 엿이 잘 되고 맛이 좋으며 곤 엿을 단지 안에 퍼 넣어두었다가 긴요하게 쓴다고 하며, 이날 곤 엿을 납향 엿이라 한다.

세월이 흐름에 따라 이제는 납일이란 이름마저 옛이야기처럼 들릴 정도로 사라져가고 있다.

제석(除夕)

1) 제석의 의의

음력 12월 그믐날, 곧 한 해의 마지막 날로 섣달그믐, 제야(除夜), 세제(歲除), 세진(歲盡), 대회일(大晦日), 세모(歲暮), 세밑(歲-), 궁랍(窮臘), 눈썹 세는 날 등 여러 이름으로 부른다. 이 중 대회일은 매달 그믐을 말하는 것으로, 특히 12월 그믐은 그해의 마지막 그믐이라 해서 붙여진 이름이며, 궁랍은 납월(臘月, 12월)이 다 지나간다는 뜻으로 섣달그믐을 달리 부르는 말이다. 제(除)는 섣달 그믐을 의미하는데 없애버린다는 뜻으로 일 년 중 마지막 날이므로 연중의 거래관계를 청산하고 새출발한다는 뜻도 있다. 또 외상이 있는 사람은 이날 찾아다니며 갚는다. 이날 밤 절에서는 백팔번뇌(百八煩惱)를 없앤다는 뜻으로 종을 108번 친다.

2) 제석의 유래

이날 밤에는 새벽에 닭이 울 때까지 잠을 자지 않고 새해를 맞이하는 수세(守歲)의 풍습이 있었는데 옛것을 보내고 새로운 것을 맞이한다는 송구영신(送舊迎新)의 뜻으로 우리나라에 역법(曆法)이 들어온 뒤부터 있어 온 것으로 볼 수 있다. 우리나라 역법은 신라(新羅) 문무왕(文武王) 14년(674)에 인덕력(麟德曆)을 처음으로 만들었다고 한다.

수세는 지나간 한 해를 반성하고 새해를 설계하는 통과의례로 마지막 날은 끝이 아닌 시작이라는 생각에서 비롯된 것이다.

3) 제석의 풍속

(1) 구세배(舊歲拜)

섣달그믐은 묵은 설이라 하여 저녁에 가묘(家廟)가 있는 집에서는 가묘에 촛불을 밝힌 뒤 재배(再拜)하고 연소자는 친척 또는 지인 사이의 어른을 찾아다니며 인사를 하는데 이를 구세배라 한다. 지방에서는 대부분 이날 만두를 먹어야 나이를 한 살 더 먹는다고 한다. 집집마다 대청소를 하였으며 해지기 전에 사당 문을 열고 주(酒), 과(果), 포(脯)를 진설하고 4대 조상의 수대로 만둣국을 올린다. 부모에게는 취침 전에 묵은세배를 올린다. 지역에 따라서는 저녁식사 전에 묵은세배를 올리기도 한다.

경북지방에서는 과세(過歲) 지낸다고 하며 지난 한 해를 돌아보고 새해를 맞이할 준비를 한다. 그해 환갑이 되는 사람은 다른 마을에 있다가 정월 초하룻날 새벽에 돌아온다고 한다. 그것은 옛날부터 환갑 맞은 노인은 그해를 넘기기 어렵다 하여 액막이의 방편으로 임시로 피한 것이다.

묵은세배는 한 해를 보내면서 조상과 부모, 친척, 이웃에게 감사의 뜻을 전하는 의례이다.

(2) 수세(守歲)

섣달그믐날 밤에 잠을 자지 않고 지나가는 한 해를 지킨다는 뜻으로 밤을 새우는 풍습을 수세라 한다. 이날 저녁 집 안팎 구석구석에 환하게 등불을 켜놓는다. 따라서 수세를 장등(長燈), 해 지킴, 밤새우기라고도 한다. 남녀노소가 함께 닭이 울 때까지 자지 않고 밤을 새운다. 이날 밤에 자면 눈썹이 모두 희게 된다는 전설이 있어 어린이들은 자지 않고 밤을 지새우기도 했으며, 잠을 잔 아이의 눈썹에 몰래 백분(白粉)을 묻혀놓고 깨워서 거울을 보이며 웃기도 하였다.

홍석모(洪錫謨)의 『동국세시기(東國歲時記)』에 의하면 민가에서는 다락, 마루, 방, 부엌에 모두 등잔불을 켜놓고 흰 사기 접시에 실을 여러 겹 꼬아 심지를 만들고 기름을 부어 외양간 변소까지 환하게 켜놓고 밤새도록 자지 않는데 이를 수세라 하며 이는 바로 경신(庚申)을 지키던 유속(遺俗)이라 하였다. 섣달 중의 경신일에는 자지 않고 밤을 지켜야 복을 얻는다는 도교(道敎)에서 나온 풍속으로 이것을 경신수세(庚申守歲)라고 한다. 이 풍습은 중국 한(漢)나라 때 있었으며 우리나라는 고려(高麗) 원종(元宗) 6년(1265)에 태자(太子)가 경신수세라 하였고, 연산군(燕山君)도 승정원(承政院)에 명하여 경신수세를 했다는 기록이 전한다.

경신일에 밤을 새워 지키는 것은 동지가 지나 경신이 되는 날에 하는데 섣달 경신일이 진정한 경신수세로, 수야(守夜)라고도 한다. 이 풍습의 유래는 사람의 몸에는 세 마리의 시(尸)가 있어 이를 삼시(三尸)라 하며 이것이 그 사람의 잘잘못을 기록해 두었다가 연말 경신일에 하늘로 올라가 옥황상제에게 고한다고 한다. 그러면 그 사람은 병에 걸려 죽게 되므로 경신일에 밤을 새워 삼시가 몸에서 빠져나가 하늘로 올라가 고하지 못하게 방해한다고 한다. 동지 이후 경신일은 6년에 한 번 드는데 경신수세를 7번 하면 삼시신(三尸神)은 아주 없어진다고 믿었다. 그러므로 42년 동안 경신수야(庚申守夜)하면 불로장수(不老長壽)할 수 있다고 하는데, 도교의 이 삼시설(三尸說)은 불교로 흡수되어 일부 사찰에서 행해지고 있다.

김매순(金邁淳)의 『열양세시기(洌陽歲時記)』에는 "등불을 밤새도록 켜놓고 상하노유(上下老幼)가 닭소리를 들을 때까지 자지 않으며 어린이가 졸면 야단을 치면서 그믐날 밤에 자면 눈썹이 센다"고 하였다.

정학유(丁學游)의 『농가월령가(農家月令歌)』12월조에는 "앞뒷집 타병성(打餅聲)은 예도 나고 제도 나네/ 새 등잔 세발심지 장등(長燈)하여 새울 적에/ 윗방 봉당(封堂) 부엌까지 곳곳이 명랑하다/ 초롱불 오락가락 묵은세배하는구나…" 집안 곳곳에 불 밝혀 놓고 초롱불 들고 묵은세배하러 다니는 당시 세모(歲暮)의 풍경이 잘 그려져 있다.

수세 풍속은 저물어 가는 한 해를 보내면서 정리하고 새해를 새롭게 맞이하려는 마음가짐으로, 주부들은 세찬(歲饌) 준비로 바쁘게 보냈다.

(3) 세찬(歲饌)

설날 차례나 세배 오는 사람을 위해서 만든 음식이기도 하지만 주로 세모(歲暮)가 되면 각종 음식이나 과실, 달걀, 육류, 생선 등의 물품을 친척 또는 친구 사이에 증답(贈答)하는 것을 세찬이라 한다.

조선시대에는 세밑에 각도 방백(方伯) 및 수령(守令)과 고관(高官) 또는 친지에게 세찬으로 특산물을 보내는 것이 예로 되었다. 세찬 속에는 별전(別箋)을 첨부하여 특산물의 종목을 열기(列記)하였는데 그것을 총명지(聰明紙)라 하였으며 궁중에서는 70세 이상 관원들에게 세찬이라 하여 쌀과 어류(魚類) 등을 나누어주었다.

(4) 구나(驅儺)

섣달그믐날 밤에 악귀를 쫓아낸다는 뜻으로 탈을 쓰고 베풀던 의식이다.

조선시대에는 연종제(年終祭)로 나례의식(儺禮儀式)을 펼쳤고 민간에서는 대나무를 태워 요란한 소리를 내는 폭죽 등을 놓기도 했으며 궁중에서는 연종포(年終砲)를 터뜨렸다. 이렇게 하면 집안에 숨어 있던 잡귀들이 놀라서 도망가고 무사태평하다는 것이다. 『동국세시기』에는 대궐 안에서는 제석 전날부터 대포를 쏘는데 이것을 연종포(年終砲)라고 하며 또 화전(火箭)을 쏘고 징과 북을 치는데 이것은 관상감(觀象監)에서 제석 전날 밤 궁중에서 악귀를 쫓아내는 행사인 대나(大儺)로서 역귀(疫鬼)를 쫓았는데 이는 청단(靑壇)이라는 나례의식이다.

이 나례의식은 역귀구축방(疫鬼驅逐方)인 처용무(處容舞)에서 비롯된 것으로 볼 수 있는데 처용무는 신라 헌강왕(憲康王)시대 처용설화에서 시작된 것으로 볼 수 있다.

『열양세시기』에 의하면 섣달 그믐날 내의원(內醫院)에서는 벽온단(辟瘟丹)이라는 향을 만들어 임금에게 진상하는데, 벽온단은 염병을 물리치는 데 유용하다 하여 설날 아침에 향 심지를 피운다고 하였다.

세월은 흘러 시대가 변천되고 과학문명이 발달되고 서양문물이 쏟아져 들어오고 양력이 일반화됨에 따라 음력의 제석이란 말도 사라져가고 있다.

제2장

문화재가 된
전통예술

제2장

문화재가 된 전통예술

전통예술이란 옛 선인(先人)들로부터 창작되어 그 뒤로 계통을 이루어 전해오는, 곧 문학·음악·회화·연극·무용·조각 등 내림계통이다.

우리 민족은 아득히 먼 옛날인 부족국가 시대부터 춤과 노래를 즐겼다. 부여(夫餘)에서는 추수 감사제 성격의 영고(迎鼓), 고구려(高句麗)에서는 동맹(東盟), 동예(東濊)에서는 무천(舞天), 삼한(三韓)에서는 5월과 10월에 계절제를 열어 농악과 탁무(鐸舞) 등의 축제를 하였다.

삼국시대에는 악기가 발명되고 음악을 작곡하였다. 즉, 고구려에서는 관악기·현악기·타악기 등 17종의 악기가 있었고 왕산악(王山岳)은 진(晉)의 칠현금(七弦琴)을 모방하여 현학금(玄鶴琴)을 만들고 백여 곡을 작곡하였으며, 뒤에 신라로 전하여 옥보고(玉寶高) 같은 대가를 배출하였다. 백제에서는 일본에 악공, 악사, 악기를 전하여 일본 음악에 영향을 주었으며, 가야의 우륵(于勒)은 가야금을 신라에 전했고, 백결(百結) 선생은 대악(碓樂 : 방아타령)을 작곡하였고, 악기로는 삼현(三絃 : 거문고, 가야금, 비파)과 삼죽(三竹 : 피리, 대·중·소)이 있었다.

고려시대에는 향악(鄕樂)이 발달하여 현금·비파·가야금·대금·장고 등의 악기가 있었고 중국 송(宋)나라에서 안직숭(安稷崇)은 중국의 고전음악인 대성악(大晟樂)을 수입하여 궁중음악으로 발전, 아악(雅樂)이 되었다.

조선시대에는 태종(太宗) 때 아악서(雅樂署), 전악서(典樂署)를, 세종(世宗) 때 관습도감(慣習都監)을 설치하고 박연(朴堧)을 시켜 아악보(雅樂譜)를 완성하였으며, 민속음악인 속악(俗樂)도 발달하였다. 성종(成宗) 때에는 성현(成俔) 등이 『악학궤범(樂學軌範)』을 편찬하여 궁중음악을 집대성했으며, 명종(明宗) 때에는 박준(朴浚)에 의해 『악장가사(樂章歌詞)』가 편찬되었다.

그 뒤 아악은 제례악(祭禮樂)·연례악(宴禮樂)·군악(軍樂)으로 발전되었고, 속악(俗樂)은 정악(正樂)·산조(散調)·농악(農樂)으로 발전되었으며, 소리는 판소리·잡가(雜歌)·민요로 분화되었다. 그 밖에 무악(巫樂)과 범패(梵唄)도 있었다.

무용은 궁중에서 봉황의(鳳凰儀), 12월에 나례(儺禮), 가면을 쓰고 추는 처용무(處容舞), 서민들의 농악무 등이 각각 분화되어 발전하였으며, 특히 무당춤(巫舞)은 가면극과 민속춤에도 많은 영향을 주었다.

연극은 고려말 산대도감극(山臺都監劇)을 비롯하여 인형극인 꼭두각시놀음, 그리고 조선 후기에는 남사당패(南寺堂牌)라는 연극단도 나왔다.

이렇게 발달되어 온 우리의 전통예술은 시대와 환경의 변화, 서양문화의 도입, 세대교체 등 여러 가지 요인으로 인멸(湮滅)되어 가는 것을 전승(傳承)시키기 위해 일생일업(一生一業)으로 끈기 있게 이어온 분들을 국가에서 무형문화재(인간문화재)로 지정하여 보존에 힘쓰고 있다.

다음 글은 2001년 당시 서울특별시사편위원회에서 『서울의 문화재』라는 책의 출간을 위해 서울의 무형문화재(전통예술·전통공예)에 관한 해설을 청탁받아 쓴 글로, 그중 전통예술분야만 뽑아 게재하며, 기능보유자 등은 2003년 현재 시점이다.

1. 가곡(歌曲)

　가곡은 시조(時調)를 관현(管絃) 반주에 얹어 오장형식(五章形式)으로 부르는 노래로 삭대엽(數大葉) 또는 '노래'라고도 한다. 전통적 정가(正歌)에 속하는 우리나라 고유의 가악(歌樂)·범패(梵唄)·판소리와 더불어 삼대 성가(聲歌)를 이루고 있다. 정가는 본래 정악(正樂)에 포함되었던 가곡·가사(歌詞)·시조를 가리키는 말로, 그중에서도 가곡은 발생이 오래면서 예술적으로 정제된 노래이다.

　가곡은 우조(羽調)와 계면조(界面調) 두 음계(音階) 위에 24곡의 곡조가 있는데 곡명은 다음과 같다. 우조에는 첫치(初數大葉), 긴것(二數大葉), 중허리(中舉), 막내는 것(平舉), 들어내는것(頭舉), 셋째치(三數大葉), 소용(搔聳), 우롱(羽弄), 우락(羽樂), 언락(言樂), 우편(羽編) 등의 11곡이 있다. 계면조에는 첫치, 긴것, 중허리, 막내는 것(平舉), 들어가는 것(頭舉), 셋째치, 소용, 언롱(言

弄), 평롱(平弄), 계락(界樂), 편삭대엽(編數大葉), 언편(言編), 태평가(太平歌) 등의 13곡이 있다.

여창(女唱) 가곡은 우조에는 긴것, 중허리, 막내는 것, 들어내는 것, 우락 등이 있으며, 계면조에는 긴것, 중허리, 막내는 것, 들어내는 것, 평롱, 계락, 편삭대엽, 태평가 등 남창가곡보다 적다.

가곡에는 사죽(絲竹)과 반주가 있는데 보통 거문고 · 가야금 · 양금 · 세피리 · 젓대 · 단소 · 해금 · 장구 등이 맡는다.

가곡의 형식은 시조 한 편을 5장으로 구분하고, 그 밖의 후주곡(後奏曲)인 대여음(大餘音)과 3장과 4장 사이의 간주곡(間奏曲)인 중여음(中餘音)을 가지고 있다. 중여음은 악기만 있으며, 5장 뒤에도 악기만 대여음이 있다.

그런데 대여음이 후주(後奏)의 구실만 하는 것이 아니고 때로는 전주(前奏)의 구실도 한다. 이것은 대개 노래의 중반(中盤)을 넘어서 농(弄) · 낙(樂) · 편(編)에 이르기 때문에 그러한 것이다.

가곡의 음계는 우조 즉, 평조(平調)와 계면조의 두 음계로 이루어졌다. 평조의 구성은 황종(黃鐘) · 태주(太嗾) · 중려(仲呂) · 임종(林鐘) · 남려(南呂)의 5음계로 되어 있으며, 계면조는 황종 · 협종(夾鐘) · 중려 · 임종 · 무역(無射)의 5음계이다.

그러나 계면조는 곡에 따라 5음계를 모두 사용하지 않고 황종 · 중려 · 임종의 3음으로 된 곡과 황종 · 중려 · 임종 · 무역의 4음이 중심이 되어 곡을 이루는 것이 흔하다. 우조는 장(壯)하다 하고 계면조는 애(哀)하다 할 수 있으며, 이들은 서로 음악 대조를 이루고 있다.

가곡의 장단은 한 장단(一刻) 16박(拍)의 것과 한 장단 10박의 것 두 가지가 있으며, 거의가 16박이고 편락(編樂) · 편삭대엽 · 언편 등 종반(終盤)의 3곡만이 10박으로 된 것이다. 그러나 한 장단이 16박이라 해도 이를 2분하면 11박·5박의 복합장단이며, 그 한 장단 10박이란 것도 7박·3박들을 합쳐서 이루어진 것이다.

가곡은 고려가요(高麗歌謠)의 맥을 이어온 만큼 많은 명창이 있었을 것으로 짐작되나 조선 중기 이전에는 전해지는 이가 드물다. 조선 후기에는 박상근(朴尙根), 김천택(金天澤), 김수장(金壽長), 장우벽(張友壁), 박효관(朴孝寬), 안민영(安玟英), 하준권(河俊權), 하규일(河圭一) 같은 명창들이 나와 가곡을 갈고 닦았다. 근래에는 하규일의 뒤를 이은 이병성(李炳星), 이주환(李珠煥)이 명창으로 꼽혔다. 그들이 작고한 뒤 남창에는 전효준·홍원기, 여창에는 김월하(金月荷, 본명 金德順)가 중요무형문화재 가곡 보유자로 인정받았으나 모두 사망하고 현재는 남창에 김경배(金景培), 여창에 김영기(金英基), 조순자(曹淳子)가 그 뒤를 잇고 있다.

가곡은 남창 또는 여창만으로 부를 수도 있고 남창과 여창이 한자리에 앉아 같이 부를 수도 있다. 남창은 몇 사람이 있어도 독창을 원식(原式)으로 하지만 여창은 열 사람이 한 자리에 같이 있으면 함께 제창(齊唱)하는 법이며 독창이 없다. 그것도 일시에 같이 내지 않고 수창(首唱)이 먼저 부른 뒤에 여럿이 그 뒤를 잇는다. 남창은 호탕하고 강개한 내용인 데 비해 여창은 연연하고 애절하다.

2. 가사(歌詞)

가사란 긴 가사체의 사설(辭說)을 가곡(歌曲)이나 시조(時調)와 같은 정가조(正歌調)로 부르는 한국 전통 성악곡의 한 갈래이다. 소리의 표출방식이나 음악적 특징이 가곡이나 시조처럼 예스럽고 아담하게 표현되지 않고 잡가(雜歌)의 성격과 유사한 점이 많다. 시조창(時調唱)이 대중적이어서 누구나 쉽게 부를 수 있는 노래라면 가사는 가곡과 함께 전문가의 노래이다.

가사가 언제 발생되었는지는 분명하지 않지만 창곡(唱曲)이 융성한 18세기 초 당시의 가객(歌客) 김천택(金天澤)이 『청구영언(青丘永言)』을 편찬할 무렵에 그 틀이 잡히고 19세기 중반에 편찬된 시가집(詩歌集) 『남훈태평가(南薰太平歌)』 이후에 12가사가 성립된 것으로 보는 견해가 있다.

오늘날 전승되는 12가사는 〈백구사(白鷗詞)〉 〈황계사(黃鷄詞)〉 〈죽지사(竹枝詞, 乾坤歌)〉 〈춘면곡(春眠曲)〉 〈어부사(漁父詞)〉 〈길군악(行軍樂, 路謠曲)〉 〈상사별곡(相思別曲)〉 〈권주가(勸酒歌)〉 〈처사가(處士歌)〉 〈양양가(襄陽歌)〉 〈수양산가(首陽山歌)〉 〈매화타령(梅花打令)〉 등이다.

이 중 〈어부사〉는 『악장가사(樂章歌詞)』에 있는 것을 농암(聾巖) 이현보(李賢輔)가 개작한 것으로 가사의 효시가 된다. 〈백구사〉 〈죽지사〉 〈황계사〉 〈어부사〉 〈춘면곡〉 〈상사별곡〉 〈길군악〉 〈권주가〉 등 8곡의 창은 조선 말기 가객인 하규일(河圭一)이 전한 것이며, 〈수양산가〉 〈처사가〉 〈양양가〉 〈매화가〉 등 4곡의 창은 조선 말기 가객 임기준(林基俊)이 전한 것이라고 한다. 이 가사는 이병성(李炳星)과 이주환(李珠煥)에게 전해져서, 현재는 정경태(鄭坰兒), 이양교(李良教)에게 이어지고 있다.

연주형태는 시조와 같이 장고장단에 의하여 혼자 부르는 것이 원칙이나 『삼죽금보(三竹琴譜)』에 〈상사별곡〉〈춘면곡〉〈길군악〉〈매화곡〉〈황계곡〉〈권주가〉의 거문고 악보가 있는 것으로 보아 현행처럼 장고만으로 반주된 것은 아닌 것 같다. 만일 반주를 할 경우에는 피리 · 젓대 · 해금 · 장고로 편성하며 반주법은 따라가는 수성(隨聲)가락이 대부분이다. 곡조 선율의 흐름은 향토색이 짙고 이름다우며, 대부분 계면조(界面調)이다.

장단법은 한 장단이 4분의 6박자인 곡과 4분의 5박자인 곡의 두 종류이다. 즉 〈상사별곡〉〈처사가〉〈양양가〉는 5박 장단이며, 〈권주가〉는 무정형적진으로 무박 장단이고, 나머지는 6박 장단이다.

가사는 창법(唱法)이 다양하고 전성법(轉聲法) · 퇴성법(退聖法 · 요성법(搖聲法)도 가사의 곡목마다 다르다. 평조적(平調的)인 창법상의 특징을 가지면서 계면조의 음진행법을 쓰거나, 계면조적인 특징을 가지면서 평조의 음진행법을 갖기도 한다. 따라서 평조와 계면조적인 요소가 섞여 있고 이 요소가 넘나

들기 때문에 그 성법을 결정하기가 어렵다.

가사의 특색은 가곡과 같이 첫머리의 우조(羽調)나 관현악 반주와 일정한 선율에 구속됨이 없이 관대한 점이다. 남성 또는 여성으로 구별해야 할 특수한 작곡이 아니기 때문에 12가사를 남성 또는 여성이 각각 혼자서 할 수도 있다. 그러므로 목의 음력 · 성량 · 기교와도 관계가 있다.

가사와 가곡의 특징을 비교해 보면 선율에 있어서 가곡은 관현반주가 따르나 가사는 그렇지 않으며, 창법(唱法)은 가곡에는 남 · 여 창의 구별이 있으나 가사는 없으며, 성음(聲音)은 가곡의 남창은 순육성(純肉聲)이고 여창은 육성(肉聲)과 세성(細聲)의 혼합인 데 비해 가사는 육성과 세성의 혼합이며, 사설은 시조 단(短) · 장(長) 형체이나 가사는 장가(長歌)체이며, 장단은 가곡은 16 · 10박의 2장단이며 가사는 10 · 6 · 5박의 장고장단이다.

가사에는 화평 정대(正大)한 가락도 있고, 향토적인 토리도 끼어 있고 멋스러운 거드렁성이 있는 것도 있고, 속목을 쓰기도 하여 가곡에 비하여 향토적인 맛이 있다.

보유자인 이양교 · 정경태 외에 김호성 · 백분악 · 황규남 등의 조교가 있다.

3. 가야금산조 및 병창(伽倻琴散調 및 倂唱)

가야금산조는 가야금으로 연주하도록 짜여진 산조를 말한다. 산조란 판소리에서 보이는 남도(南道) 향토가락을 4~6개의 장단으로 구분되는 악장으로 짜되, 느린 장단에서 빠른 장단 순으로 구성하는 독주(獨奏)형식이다. 가야금 병창이란 손수 가야금을 타면서 거기에 맞추어 단가(短歌) · 민요 · 판소리 가운데 한 대목을 부르는 것이다.

가야금은 우리나라 고유 현악기의 하나이며, 원래 이름은 가얏고이다. 『삼국사기』에는 가야국의 가실왕(嘉悉王)이 만들어 악사 우륵(于勒)으로 하여금 곡을 지어 타게 하였다고 전한다. 이는 가얏고라는 이름이 가야금의 나라 이름인 가야와 현악기의 옛말인 '고'의 합성어로 된 점에서도 알 수 있다.

조선 후기에는 거문고·세피리·젓대·해금·장고와 같이 편성되어 가곡과 현악영산회상(絃樂靈山會相) 연주에 주로 쓰였으며 민속악사들에 의하여 시나위나 봉장취(鳳將吹)라는 민속악(民俗樂)을 탔다. 조선 말기에는 김창조(金昌祚)가 시나위 음악을 토대로 판소리 음악을 도입하여 가야금산조를 짜서 연주하였다. 현재 가야금산조는 여러 형태의 흐름이 전해지고 있으나 2대 유파로 보면 호남을 중심으로 한 김창조와 그 전통을 이은 김윤덕(金允德)의 산조가락이 있고, 충청·경기지방을 중심으로 한 박상근(朴相根)과 그 전통을 이은 성금연(成錦鳶)의 산조가락이 있어 각기 특색을 나타내고 있다.

가야금산조는 모든 산조와 같이 느린 데서부터 빠른 순서에까지 3~6개의 장단으로 구성되었으며, 판소리에 쓰이는 우조(羽調)·계면조(界面調)·평조(平調)·경드름(京調)·강산제(江山制)로 이루어진다. 장단은 판소리에 쓰이는 진양·중모리·중중모리·자진모리·휘모리·굿거리·엇모리 같은 것이 쓰인다.

또 장단은 한배의 리듬(rhythm)형을 가리키고 악장의 이름이 되기도 한다. 보통 기본형식은 진양조(6박자 4절), 중모리(3박자 4절), 자진모리(4박자 1절)의 3악장 등으로 하지만, 일반적으로 장단 구성은 진양·중모리·중중모리·자진모리·휘모리로 되어 있으나 박상근류에서는 굿거리가, 김병호류에는 엇모리가 더 포함된다. 자진모리를 늦은 자진모리와 자진모리로, 휘모리를 휘모리와 단모리(세산조시)로 세분하는 유도 있다.

산조는 여러 곡이 모여서 형성되었기 때문에 풍류곡(風流曲)과 달리 그 농현(弄絃)하는 손놀림에 오묘한 멋이 담겨 있어 오랜 연습이 필요하다고 한다.

가야금 병창은 가야금을 타면서 거기에 맞추어 스스로 노래하는 것으로, 연주되는 곡들은 단가·민요·판소리 가운데 한 대목을 따다가 가야금 반주를 얹어 부르는 남도음악의 하나로 주로 석화제로 되어 있다. 석화제는 순조(純祖) 때의 명창 김제철(金齊哲)·신만엽(申萬葉)이 처음 사용했다고 한다.

장단은 진양·중모리·엇중모리·중중모리·자진모리 등이 사용되며, 소리의 선율은 가야금에 맞도록 기악화하고 소리의 공간을 가야금 선율로 하며 가야금 간주를 가끔 넣어서 흥을 돋우기도 하는데 장구 반주가 곁들여지기도 한다.

대표적인 곡은 〈녹음방초〉, 춘향가 중 〈사랑가〉〈죽장망혜〉〈청석령지나갈제〉, 흥보가 중 〈제비노정기〉 등이 있다. 특히 유명한 대목은 수궁가에서 〈부엉이 허허 웃고〉 등이 있다.

가야금 병창은 판소리처럼 웅장하지 않지만 창과 가야금이 어울리는 것이 멋이 있다. 사람의 소리와 악기의 소리가 조화를 이루어 새로운 예술의 경지로 이끄는 것이 가야금 병창이다.

보유자인 이영희(李英熙), 안숙선(安淑善), 강정숙(姜貞淑), 강정열(姜貞烈) 외에 양승희, 문재숙, 윤미용, 원한기, 이효분, 정옥순 등의 조교가 있다.

4. 강령탈춤(康翎탈춤)

강령탈춤은 황해도 옹진군 부민면 강령리에 전승되어 오던 탈춤으로, 1950년 한국전쟁 뒤 월남한 연희자들에 의해 현재 서울에서 전승되고 있다.

유래에 대해서는 해주감영(海州監營)에서 매년 5월 단오절에 각처의 탈놀이 패를 불러 놀이의 경연을 베풀었으며 그 가운데서 가장 잘한 놀이패와 놀이꾼에게는 후한 상이 내려진 것이 발전의 계기가 되었다는 설과 옹진군 북면은 옛 수사(水使)의 본영으로서 강령의 놀이패를 불러 놀았다는 설이 있다. 또 일제강점으로 해주 감영이 폐쇄되자 가무에 능한 강령 출신의 관기(官妓) 김금옥(金錦玉)이 고향으로 돌아와 탈춤을 중흥시키는 데 기여하였다는 설이 있다. 이 설들을 토대로 하면 19세기까지는 강령에 탈춤놀이패가 성립되었음을 알 수 있으나 1920년대에 이르러 점차 쇠퇴하다가 일시 중단되었다.

황해도 탈춤을 그 춤사위·탈복·탈·재담 등으로 보아 봉산·재령·안악 등지 평야지대의 탈춤을 대표하는 봉산탈춤과 옹진·강령·해주 등 해안지대의 탈춤을 대표하는 해주탈춤으로 나누어보면 강령탈춤은 해주탈춤의 하나로 봉산탈춤과 함께 황해도 탈춤의 쌍벽을 이룬다. 봉산탈춤과 강령탈춤의 차이점은 다음과 같다.

강령 탈은 사실적인 얼굴로 인물 탈인 데 비해, 봉산 탈은 귀면형(鬼面型)의 목탈이다. 강령탈춤의 옷은 회색 칡베장삼으로 그 소매 홍태기(큰소매)는 땅에 닿을 정도로 길며, 봉산탈춤의 옷은 화려한 더그레(저고리)에 붉고 푸른 띠를 띤다. 춤사위는 강령탈춤이 느린 춤사위로 장삼춤인 데 비해, 봉산탈춤은 깨끼춤이 기본이다. 연희 내용에 있어서도 놀이마당의 순서와 등장인물에 차이가 있으나 크게 보아서는 별 차이가 없다.

강령탈춤은 7마당으로 구성되었으며 등장인물은 모두 20명이다.

제1 사자춤마당은 사자와 원숭이가 도도리곡으로 한바탕 춤을 춘다. 제2 원숭이춤마당은 원숭이가 춤을 추면서 놀이판을 정리한다. 제3 말뚝이춤마당 (첫목춤)은 말뚝이 둘이 만나는 장면을 연희하다가 도도리타령·굿거리장단에 맞추어 춤춘다. 제4 상좌춤마당은 상좌 둘이 좌우에서 놀이판 가운데로 들어오다가 장단에 맞추어 춤춘다. 제5 양반춤마당은 진한·마한·변한 양반·도련 님·말뚝이(양반의 하인) 두 사람이 굿거리장단에 맞추어 춤을 추고 재담을 나누는 다음 타령장단에 맞추어 깨끼리춤을 춘다.

제6 노장(老長)·중춤마당은 먹중 2, 말뚝이 2, 마부 2, 남강(南江)노인, 취발이 등이 북·장고를 들고 타령장단에 맞추어 춤을 추다가 재담을 나누고 이어 상좌 둘이 노장을 모시고 나오고 먹중이 퇴장한 뒤 노장과 소무(小巫)와의 정사가 있고 취발이 노장을 내쫓는다. 제7 영감·할미광대춤마당은 타령과 굿거리장단에 춤추는 용산삼개집을 영감이 어루고(어르고), 할멈이 등장하여 세 사람 갈등이 있고 영감에게 버림받은 할멈이 퇴장한 다음 영감과 소무(小巫)가 춤추다가 퇴장한다.

이들 각 마당은 독립성이 강하여 그 주제도 서로 다르나 다른 탈춤과 비슷한데 요약해 보면 사자춤·상좌춤에서는 벽사(辟邪)의 의식무(儀式舞), 먹중춤·노승춤에서는 파계승에 대한 풍자, 양반춤에서는 양반계급에 대한 저항, 영감과 할미광대춤에서는 일부처첩(一夫妻妾)의 가정비극과 서민생활상의 폭로 등을 내용으로 한다.

사용되는 탈은 말뚝이(팔먹중 겸용)·사자·원숭이·먹중·상좌·마부·맏양반·둘째양반·셋째양반(재물대감)·도령·영감(재물대감 겸용)·

노승 · 취발이 등 19개이며, 탈의 재료는 종이가 주이고 대나무 · 토끼털 등이 쓰인다. 반주악기는 피리 · 해금 · 대금 · 장구 · 북으로 이루어졌으며, 장단은 도드리 · 타령 · 굿거리장단이 사용된다.

강령탈춤이 경기도 산대놀이와 교류관계를 가졌음은 알려진 사실이나 경남 가산오광대(駕山五廣大)와의 비슷한 점은 우리나라 탈놀음 서로 간의 영향을 살펴볼 수 있는 계기가 될 것 같다.

보유자로 김정순(金正順) 외에 김실자(金實子), 이정석(李貞錫), 송용태(宋龍台)가 있으며 김정숙(金貞淑) 등 조교 6명이 있다.

5. 거문고산조

거문고산조는 거문고로 연주하도록 짜인 산조(散調)이다. 산조는 판소리와 같은 남도소리(南道音樂)에 시나위가락을 장단(長短)이라는 틀에 넣어서 연주하는 기악독주곡(器樂獨奏曲)으로 짜인 음악형식이다.

거문고는 현악기의 하나로 '현금(玄琴)'이라고도 한다. 『삼국사기』에 의하면 "진(晉)나라 사람이 칠현금(七絃琴)을 고구려에 보내오자 제2상 왕산악(王山岳)이 새롭게 만들었으며, 그 뒤에 백여 곡을 지어 연주하니 검은 학이 날아들어 춤을 추었으므로 현학금(玄鶴琴)이라 했는데 뒷사람들이 학자를 빼고 현금이라 하였다"라는 기술로 보아 이미 고구려 때 쓰였음을 알 수 있다. 통일신라시대 삼현삼죽(三絃三竹)의 합주에 거문고가 편성된 뒤부터 지금까지 거문고는 현악영산회상(絃樂靈山會相)·가곡(歌曲) 등 정악(正樂)에서 주된 악기로 쓰이고 있다.

거문고산조는 고종 33년(1896)에 당시 20세였던 백낙준(白樂俊)이 그의 선친 백선달(白善達)의 구음(口音)을 모방하여 타기 시작하여 명성을 떨치게 되었다.

그때 백낙준에 의해 탄주되었던 거문고산조는 장단형에 있어서, 기본형인 진양조·중모리·자진모리 외에도 중중모리·엇모리와 같은 새로운 장단형도 포함하였다. 또 선율형태나 리듬형태에 있어서도 현행 산조에 비해 단조롭기는 하지만 연주기법 면에서 볼 때 거문고의 특성을 충분히 살려 독주음악으로 손색이 없었다.

그러나 예로부터 백악지장(百樂之丈)이라 불리는 거문고로 속악(俗樂)을 연주한다는 심한 반발과 상류층이 즐기던 정악에 눌려 빛을 보지 못하던 예술성 높은 산조음악은 개화기의 물결을 타고 그 음악적 가치를 인정받기 시작하였다.

백낙준은 김종기(金宗基)·박석기(朴錫基)·신쾌동(申快童 : 1967년 문화재 지정, 1977년 사망)에게 전수하였으며, 박석기는 다시 한갑득(韓甲得 : 1978년 문화재 지정, 1987년 사망)에게 전수하였다. 원광홍이 1993년에 지정되었고, 서울의 김영재(金泳宰)·김혜경(金惠京)이 조교로 지정되어 있다.

거문고산조는 느린 장단인 진양, 보통 빠른 장단인 중모리, 좀 빠른 장단으로 중중모리, 절름거리는 박자인 엇모리, 빠른 장단으로 자진모리, 이렇게 5개의 장단으로 구성된다. 또 선율은 평화스럽고 웅장한 느낌을 주는 우조(羽調)와 슬프고 부드러운 느낌을 주는 계면조(界面調)로 짜여 있는데, 악장(樂章)이나 우조는 처음이나 중간에 잠깐 나오며 끝은 흔히 계면조로 여민다.

산조는 느린 장단에서 빠른 장단으로 점점 몰아가며 우조와 계면조를 섞고 느긋한 리듬과 촉급한 리듬을 교차하여 조이고 풀고 하여 희로애락(喜怒哀樂)의 감정을 표출하는 음악으로, 옛날에는 즉흥적인 음악이었으나 지금은 고정 선율로 바뀌고 있다.

거문고는 오동나무(앞면)에 밤나무(뒷면)를 받쳐 만들며, 길이는 1.5m가량, 너비는 25cm 정도 되나, 일정한 것은 아니다. 줄의 이름은 차례로 문현(文絃), 유현(遊絃), 대현(大絃), 괘상청(棵上淸), 괘외청(棵外淸), 무현(武絃)의 6줄로 되어 있다. 유현·대현·괘상청의 3줄은 16개의 박달나무로 만든 괘(棵)로 받쳤고, 문현·괘외청·무현의 3줄 역시 박달나무로 만든 안족(雁足)이 떠받치고 있다. 명주실을 꼬아서 만든 줄의 굵기는 대현이 가장 굵고 문현·무현·괘상청·괘외청·유현의 순서로 가늘어진다.

거문고는 여성적인 가야금에 비해 그 소리가 깊고 무거워 남성적이다. 유현의 고음부(高音部)와 대현의 저음부(低音部)로 구분되어 문현의 연주법에 따라서 이 악기의 특성이 드러난다. 부드럽고 거세고 맑고 흐리고 그윽한 이질적인 음들이 혼연한 조화를 이룬다.

날씨가 흐릴 징조가 있으면 거문고음이 탁해진다. 거문고의 음은 이른 봄날과 늦가을에 가장 맑다.

6. 경기민요(京畿民謠)

경기민요란 서울과 경기도 지방을 중심으로 불린 민요로, 소리꾼들에 의해 불린 통속민요(通俗民謠)와 토속민요(土俗民謠)로 구분할 수 있다. 토속민요는 일찍이 서울의 영향을 받아 거의 찾아보기 어렵다. 통속민요로서 잘 알려진 것은 방아타령·노랫가락·양산도(楊山道)·창부타령·오봉산타령·사발가·군밤타령·노들강변·도라지타령 등이다.

연주형태에 따라 앉아서 부르는 소리(坐唱)와 서서 부르는 소리(立唱)로 나누어지는데, 노랫가락·오봉산타령·양류가(楊柳歌) 등은 좌창에 속하고, 양산도·방아타령·경복궁타령 등은 입창에 속한다.

또 노랫가락과 창부타령은 무가(巫歌)이고 아리랑·이별가·청춘가·도라지타령·태평가·양류가·닐리리야·군밤타령 등은 발생연대가 그리 오래되지 않은 속요(俗謠)이다.

장단은 주로 굿거리·자진타령·세마치 등이 쓰이며, 5음 음계(音階)의 평조선법(平調旋法)에 장·단 3도 음 진행이 많으며 골고루 쓰이면서 음의 선율 골격은 완전 4도를 주축으로 한 것이 특징이다.

창법에 있어서도 급격히 떨거나 꺾거나 흘러내리는 음이 별로 많이 쓰이지 않아 흥겹고 경쾌한 맛을 풍기며 부드럽고 유창하며 서정적이다.

경기민요·잡가(雜歌)의 명창으로는 조선 말기 속칭 추(秋)·조(曺)·박(朴)이라는 3인을 꼽는데, 기교에 뛰어난 추교신(秋敎信), 성대를 잘 타고난 조기준(曺基俊), 잡가로 이름이 높던 박춘경(朴春景)을 가리킨다. 특히 박춘경은 잡가를 지어 잘 불렀다고 한다. 이들의 뒤를 이어 한인호(韓仁浩)·주수봉(朱壽

奉) · 최경식(崔景植) · 박춘재(朴春載) 등 명창이 나왔고, 이 뒤를 이어 이창배(李昌培) · 김순태(金順泰) · 최정식(崔貞植) · 이진홍(李眞紅) 등이 활약했다. 이들의 후배인 안복식(安福植, 예명 안비취) · 이경옥(李瓊玉, 예명 묵계월) · 이윤란(李潤蘭, 예명 이은주)이 뒤를 잇고 있다.

경기 잡가에는 긴 사설(辭說)을 도드리나 세마치장단으로 짠 긴 잡가와 사설시조형의 긴 사설을 빠른 장단으로 짠 휘모리 잡가가 있다. 긴 잡가 중에는 12잡가가 있다. 곧 유산가(遊山歌), 적벽가(赤壁歌), 제비가(燕子歌), 소춘향가(小春香歌), 선유가(船遊歌), 집장가(執杖歌), 형장가(刑杖歌), 평양가(平壤歌), 십장가(十杖歌), 방물가(房物歌), 출인가(出引歌), 달거리(月令歌)이다. 이 긴잡가의 사설에는 판소리의 한 대목씩을 따서 극적인 장면을 노래하거나 서정적인 내용을 담은 것이 많다.

장단은 도드리장단으로 된 것이 많고 세마치장단으로 된 것도 있다. 선율은 서도소리에 보이는 수심가(愁心歌) 토리에 가까우나 시김새가 서도소리보다

짙지 않고 경기민요에 보이는 경토리(京調)가 섞여 특이한 음조를 갖는다.

경기소리 가운데 양산도 · 방아타령 · 창부타령과 같은 경기민요나 곰보타령 · 병정타령과 같은 휘모리잡가가 흥겹고 구성진 느낌을 주는 데 비하여, 유산가 · 소춘향가와 같은 긴 잡가는 차분하고 구수한 느낌을 주는 것이 특색이라 하겠다.

경기민요는 서도나 전라도 민요에 비하여 맑고 깨끗하며, 경쾌하고 분명한 것이 특징이다.

보유자인 묵계월(墨桂月, 예명), 이은주(李銀珠, 예명), 이춘희(李春羲) 외에 김영임(金英姙) 등 전수교육조교 6인이 있다.

7. 남사당놀이 (南社黨놀이)

남사당놀이는 처음 '꼭두각시놀음'으로 구성되었으며, 1988년 1월 1일에 '남사당놀이'로 명칭이 변경되었다. 남사당은 남자들로 구성된 유랑예인(流浪藝人)집단으로, 조선 후기부터 1920년대까지 우리나라 농어촌을 떠돌아다니며 민중에게 즐거움을 제공하였다. 남사당놀이의 구성은 우두머리 곧, 모갑인 꼭두쇠를 정점으로 풍물(농악)·버나(대접돌리기)·살판(땅재주)·어름(줄타기)·덧뵈기(탈놀음)·덜미(꼭두각시놀음) 등으로, 재인(才人)·광대(廣大)의 가무백희(歌舞百戲)의 전통을 이어 왔다.

남사당놀이의 연원이나 형성과정은 자세히 알 수 없으나 1900년대 초 이전에 서민사회에서 자연발생적으로 생성된 민중놀이집단으로 사당패의 주요 구성원이 여자임에 반하여, 남사당패는 꼭두쇠를 우두머리로 한 남자들만의 사회였다. 구성은 맨 위에 꼭두쇠가 있고 그 밑에 곰뱅이쇠·뜬쇠·가열·삐리·저승패·등짐꾼 등 40~50명으로 이루어졌다. 그 조직은 엄격하였고 모자란 인원은 가난한 농가의 아이나 고아·가출아 등으로 충당하였다.

현재까지 이들의 은거지로 밝혀진 곳은 경기도 안성·진위, 충남 당진·회덕, 전남 강진·구례, 경남 진양·남해, 황해도 송화 ·은율 등지인데 놀이가 거의 없는 겨울철에는 삐리(초보자)들의 기예(技藝)를 가르쳤다고 한다. 1920년대 이후 독립적인 존속이 어려워지자 중매구와 걸립패와의 교습을 거치게 되고, 사당패·솟대장이 패와의 교류도 갖게 되면서 오늘의 형태로 변모된 것이다.

남사당놀이 가운데 얼른(요술) 등의 종목은 이미 사라졌지만 나머지 여섯 종목은 다음과 같다.

(1) 풍물 : 일종의 농악인 인사굿으로 시작하여 돌림벅구 · 선소리판 · 당산벌림 · 양상치기 등 24판 내외의 판굿을 돈 다음 상쇠놀이 · 따벅구(벅구놀이) · 물은 웃다라가락(충청 · 경기 이북지방)을 바탕으로 하며 꽹과리 · 북 · 징 · 장구 · 날라리 땡각(喇角)의 잽이(악사)와 법고 등을 포함한 최소 24명 정도가 일조를 이루는데 짜임새 있는 진풀이와 동니 · 채상 등의 몸재주와 묘기를 가미하여 연희적 요소가 두드러지게 나타난다.

(2) 버나 : 대접이나 쳇바퀴 · 대야 등을 앵두나무 막대기로 돌리는 묘기이다. 이 놀이의 묘미는 접시 등을 돌리는 외에 돌리는 사람인 버나잽이와 받는 소리꾼인 매호씨(어릿광대)가 주고받는 재담과 소리의 극성(劇性)이 짙은 데 있다.

(3) 살판 : 잘하면 살 판이요, 못하면 죽을 판이라는 뜻에서 붙여졌다고 한다. 종류는 앞곤두 · 뒷곤두 · 번개곤두 등 11가지 순서를 가지고 있다. 본래는 대광대패나 솟대쟁이패의 놀이 가운데 하나였는데 남사당놀이로 수용한 것이다. 살판쇠(땅재주꾼)와 매호씨가 잽이의 장단에 맞추어 재담을 주고받으며 재주를 부린다.

(4) 어름 : 줄타기 곡예로 얼음 위를 걷듯이 어렵다 하여 붙여진 이름이다. 무대 중앙을 가로지른 외줄을 어름산이(줄꾼)가 건너가며 매호씨와 재담을 주고받는 놀이다. 종류는 앞으로 가기 · 단줄 · 거미줄늘이기 등 15종의 순서가 있다.

(5) 덧뵈기 : 덧(곱)본다는 것은 탈을 쓰고 연희를 하는 일종의 탈놀음이다. 춤보다는 재담과 연기가 우세한 풍자극으로 마당씻이 · 옴탈잡이 · 샌님잡이 · 먹중잡이 등 네 마당으로 구성되어 있으며, 그때그때 지역민의 취향과 흥취에 영합하였다.

(6) 덜미 : 남사당놀이의 마지막 순서로 우리나라에 하나밖에 전하지 않는
　　전통 인형극인 꼭두각시놀이로, 남사당 연희자들은 덜미라 부른다. 대개
　　두 마당 일곱 거리로서, 즉 박첨지 마당(박첨지 유람거리 · 피조리거리 ·
　　꼭두각시거리 · 이시미거리), 평안감사마당(매사냥거리 · 상여거리 · 절
　　짓고 허는 거리) 등이다.

　이 6가지 놀이는 대략 밤 9시부터 다음날 새벽 3~4시까지 연희되어 총 6~7시
간을 공연하였지만 현재는 2~3시간 정도로 축소 연희되고 있다.

　보유자로는 남사당놀이보존회 대표 박계순(朴季順) 등이 있다.

8. 남이장군 사당제(南怡將軍祠堂祭)

남이장군 사당제는 용산구 용문동 106번지에 있는 남이장군 사당에서 열리는 제의(祭儀)를 말한다.

10여 년 전부터 서울특별시 대표축제의 하나로 사당을 중심으로 1년에 한 번씩 대제(大祭)를 올리고 있다. 걸립(乞粒)은 용문동 전 지역을 대상으로 실시하며, 당제(堂祭)·당굿·사례제는 사당 경내에서 실시한다.

당의 유래는 남이장군이 이곳 용산에서 모병해서 훈련시켰고, 또 한강변 새남터에서 장군이 참화를 당했기 때문에 이곳에 당을 세운 것이라 한다. 원래 당은 원효로2가 당고개라는 거제산에 있었는데, 100여 년 전에 장군이 현몽해서 현위치로 옮겼다고 한다.

당은 대지 89평에 건평 10평 크기의 3칸 한와(韓瓦)이며 당 입구 전면에 사당이 있다. 당 내부에는 남이장군상을 비롯해서 부군대감 부부상·최영장군상·청주정씨와 부인상·산신령 내외분·토지관장(土地官長)님·천신대감 상(天神大監像)·맹인 내외상(盲人內外像) 등 각종 무속화(巫俗畵)가 걸려 있다.

제일(祭日)은 4월 1일과 10월 1일이며, 3년마다 4월 1일에 대규모의 당제를 지내고 굿을 하였으나, 현재는 10월에 대제와 당굿을 한다.

제관 선정은 제일 10일 전에 생기복덕(生氣福德)을 보아서 원로 두 사람을 뽑는다. 두 사람 중 한 사람은 제주(祭主)이고 한 사람은 집사(執事)가 된다. 제주는 당제를 주관한다. 대제 때는 화주(化主) 12명을 선정하는데 이들이 제주가 된다.

제사 3일 전 제주가 당에다 신에게 바치는 술인 '조라'를 모신다. 조라는 정결

한 쌀 3되 3홉을 쪄서 누룩을 버무려 물을 섞어 단지에 넣어 만든다.

제의 절차는 제사 3일 전부터 걸립을 한다. 당의 느름기를 앞세우고 걸립패가 풍물을 울리면 동네 유지와 제관이 뒤따르며 추렴한다. 가정에서는 꽃반이라 하여 작은 소반 위에 창호지를 깔고 밥 한 그릇을 놓고, 숟가락을 꽂고 실을 숟가락에 감거나 식구 수대로 실타래를 놓고, 옆에 쌀과 돈을 놓으며 집안의 무병장수를 기원한다.

걸립이 끝나면 '꽃받이'라 하여 이곳의 꽃(紙花, 연꽃)을 산청동 부군당에 놓고 그곳의 꽃을 받아온다. 그것은 산청동 부군당이 장군의 부인을 모신 당이기 때문이며, 부인을 초빙한 뒤 사당제를 지낸다.

제물은 메(밥)·떡·술·과실·포·채소·탕 등을 준비하며, 떡은 붉은팥을 넣은 시루떡으로 쌀 3되 3홉을 시루에 쪄서 통시루로 바친다. 당굿에는 돼지 한 마리를 바치며 굿상은 따로 마련한다.

제의(祭儀)는 일동재배 · 초헌 · 아헌 · 종헌 · 독축 · 첨작 · 일동재배로 유례(儒禮)의식으로 진행된다.

굿의 과정은 먼저 잡귀를 쫓아내기 위한 부정치기부터 시작한다. 이때는 무당 이외의 모든 사람들은 대문 밖으로 나갔다가 끝난 뒤에 들어온다. 굿을 할 때의 내림대는 잎이 달린 참나무를 사용하며 굵기는 손가락 정도이고 길이는 두 자 정도로 창호지를 손잡이 쪽에 매단다.

굿의 순서는 가망청배 · 부정치기 · 호구거리 · 말명거리 · 조상거리 · 상산거리 · 별상거리 · 대감거리 · 창부거리 · 제석거리 · 군웅거리 · 황제풀이 · 뒷전 순이다. 굿이 끝나면 마을 사람들은 무복(巫服)을 입고 신춤을 추는 즉, '무감'을 하며 여흥을 즐긴다.

다음 날(전에는 3일 뒤) 사례제(謝禮祭)를 실시한다. 제주와 화주 그리고 마을 어른들이 당에 모여 잡인이 경내에 들어왔음을 사죄하고 무사히 지내게 되어 고맙다는 뜻을 고하게 된다. 사례제가 끝나면 제물을 내려 대동잔치를 열게 된다. 사례제 때의 제물은 예전에는 따로 준비했으나 요즈음에는 대제 때의 음식을 올린다. 대제가 끝난 뒤 제관과 임원 몇 분이 화성시 비봉면 남전리에 있는 남이장군 묘에 가서 간단히 제를 올리고 온다.

이 제사에서 신성과 세속이 함께 어울려짐을 느낄 수 있고 그 가운데서 지역적인 공동체의식을 강화시키는 의미가 있음을 볼 수 있다.

보유자로는 이명옥(李明玉)이 있다.

9. 대금산조(大笒散調)

대금산조란 대금으로 연주하는 산조음악이다. 대금은 가로 부는 악기로 세로 부는 피리와 함께 합주 또는 독주를 통해 신묘함을 나타낸다. 산조란 민속음악의 하나로 그 모체는 시나위에 근거를 두고, 장단을 진양·중몰이·자진몰이 형식으로 체계화하고 판소리 가락을 도입하여 새로운 악기 형식(樂式)을 형성한 것이다.

산조는 처음에는 연주자가 악보도 없이 마음 내키는 대로 연주했던 까닭에 '허튼가락'이라고도 하였으나 지금은 차차 정리되어 악보화하고 있다. 산조의 유래를 보면 약 100여 년을 전후하여 당시의 명률(名律) 김창조(金昌祖)의 장구 반주가 따른 가야금독주곡이 가야금산조의 효시이고, 이어서 백낙준(白樂俊)의 거문고산조가 나오고, 뒤이어 저·퉁소·단소·피리·해금·아쟁·새납(날라리) 등 각 악기의 산조가락이 각각 특색을 갖고 집중적으로 나타났다.

대금산조도 20세기 초 진도(珍島)에 살던 박종기(朴鍾基)가 남원(南原)의 강백천(姜白千)과 만나 "가야금에는 산조가 있어 타거늘 어찌 대금엔들 산조가 없을까 보냐." 하고 각각 산조 엮기를 다짐하였다. 오래지 않아 박종기는 소리더늠, 즉 판소리 가락을 따라 엮은 제(制)로서의 대금산조를 만들었으며, 한주환(韓周煥)에게 전수하였고 권부자(權富子)가 그에게 배워 취주(吹奏)한 곡이 채록·악보화되었다.

강백천은 시나위더늠, 즉 남도민요에서 터득한 시나위풍의 가락을 근거로 하여 대금산조를 만들었으며, 김동식(金東植)에게 전수하였다. 이 같은 양제 (兩制) 대금산조가 창시된 것은 지금부터 약 80여 년 전 일로 전한다.

그 뒤 한범수(韓範洙)가 박종기·한주환의 가락 중에서 듣기 좋은 부분만을 선택하여 편곡한 것이 '한범수류대금산조(韓範洙流大笒散調)'이다.

내용을 보면 진양은 우조(羽調)·평조(平調)·계면조(界面調)·진계면, 중모리는 우조·평조·계면조, 중중모리는 우조·계면조·평조, 자진모리는 우조·평조·경조(경드름)로 구성되어 있다.

산조의 장단은 매우 다양하다. 느린 장단 진양은 6박이 4개 모여 24박으로 한 장단을 이루고 여기에는 느린진양·평진양·자진진양의 구분이 있다. 보통 속도의 중모리는 12박이 한 장단이나, 여기에도 느린중모리·평중모리·자진 중모리의 구분이 있다. 더 세분되어 12박 또는 4박의 중중모리, 5박의 엇모리, 6박의 엇중모리가 파생되어 있다. 빠른 속도의 자진모리는 4박 한 장단으로 잦모리·닷모리·휘모리 등이 있는데, 대체로 느린 것에서 빠른 것으로 계주 (繼奏)됨이 통례이다.

가락의 붙임새에는 바로붙임·엇붙임·완자걸이·잉어거리·괴족뛰기 등이 있으나 이런 용어는 가락, 곧 장식적 방법을 형용한 용어이다. 최근에는 대중 에게 환영받는 음악으로 발전되고 있다.

보유자로는 이생강(李牲剛), 김동표(金東表)가 있다.

10. 대금정악(大笒正樂)

대금정악이란 대금(大笒)으로 연주하는 아정(雅正)한 음악, 곧 정악(正樂)으로 속되지 아니한 고상하고 순정한 풍류를 이른다. 옛날 궁정에서 연주되던 음악을 지칭하여 거의 아악(雅樂)과 동의어로 쓰는데, 민간에서 계승되는 속악(俗樂)에 대칭되는 음악이다.

대금은 '젓대'라 하며 옛말로는 '뎌'라 하였으며, 신라 신문왕 때 만파식적(萬波息笛)이라는 악기를 젓대와 같은 계통의 악기로 본다면 대금은 신라 때부터 있었다고 하겠다.

통일신라 때의 삼현삼죽(三絃三竹) 음악에는 대금이 중금(中笒)·소금(小笒)과 함께 향악(鄕樂)에 편성되었고, 고려·조선으로 내려오면서 향악에서 중요 악기로 쓰여 왔으며 시나위나 산조(散調)와 같은 민속음악에도 두루 쓰이고 있다.

대금은 쌍골죽(雙骨竹)으로 만드는 것이 가장 좋으나 황죽(黃竹)으로 만들기도 한다. 쌍골죽이란 병죽(病竹)으로 속이 매워져 바람이 불면 우는 까닭에 망국죽(亡國竹)이라고도 하며, 쌍골죽이 나면 대밭이 망한다는 속신(俗信)이 있어 베어버리기 때문에 얻기가 어렵다.

대금의 구멍은 위에서부터 입김을 불어넣는 취공(吹孔)이 있고 조금 아래에는 갈대 속으로 만든 얇은 청을 대는 청공(淸孔)이 있으며, 그 아래로 지공(指空)이 6개 뚫려 있다.

소리의 높고 낮음은 강하게 불고 약하게 부는 것에 의해서도 조절되어 저음 임종(林鐘, 12율 중 8번째 음)에서 고음 임종까지 음역(音域)을 낼 수 있다.

낮은 음을 낼 때는 저취(低吹)라 하여 약하게 불면 은은한 소리가 나고, 그 이상의 높은 음을 낼 때는 보통 세기로 부르는 평취(平吹)라 하여 상쾌한 음색을 내고, 높은 음역에서는 역취(力吹)라 하여 세게 불면 청아한 소리가 난다.

대금으로 취주(吹奏)하는 정악의 범위는 광대하여 궁정음악 계통인 아악곡의 전부를 이루고 있지만, 그것들은 모두 합주음악에 속하고 본래 대금독주로 연주되는 정악은 아니었다. 그 때문에 대금정악의 곡목으로는 평조회상(平調會相) 중의 상영산(上靈山) 청성자진한잎 일명 요천순일지곡(堯天舜日之曲), 헌천수(獻天壽) 등 특징적인 몇 곡이 있을 뿐이다.

평조회상은 일명 유초신지곡(柳初新之曲)이라 부르며 영산회상(靈山會相)이라 하는 조곡(組曲)을 낮은 조(調)로 옮긴 곡인데, 그 첫 번째 곡인 상영산을 흔히 대금에 얹어서 분다. 유창한 자유 리듬으로 은은하고 청아하게 뻗는 이 대금가락은 선경(仙境)의 경지에 들게 하는 느낌이다. 청성자진한잎은 가곡의 높은 음으로 변조한 곡으로 이 또한 대금에 얹어 불면 그윽하고 청아하다.

대금의 크기는 정악용이 길이 2척 7촌이며, 구경(口徑)은 약 7분(分)이다. 현재 대금에는 정악용과 산조(散調)용의 두 종류가 있으며 산조의 젓대는 정악의 것에 비해 약간 짧고 음고(音高)의 차이가 있어 산조용이 정악용보다 약 2도(度) 높으며, 정악은 산조악(散調樂)에 비해 그 곡이 비교적 단아하다.

대금의 명률로는 고종 때 장악원(掌樂院) 악사 정약대(鄭若大)와 최학봉(崔鶴鳳) 등이 있고, 일제 때에는 최학봉을 이은 김계선(金桂善)이 대금의 명수였다. 그 뒤 김성진(金星振)이 이왕직 아악부 양성소에 입소하여(1931) 김계선·박창균(朴昌均)의 대금을 이어받아 전승되었으며 그가 작고한 뒤로 정악 연주에 몰두해 온 김응서(金應瑞)가 그 뒤를 잇고 있으며, 조교로 이상규(李相奎)가 있다.

11. 마들농요(마들農謠)

마들농요는 서울특별시 노원구 상계1동 갈월마을(큰마을) 앞들인 마들에서 옛날 모심기와 김매기 할 때 부르던 농요(農謠)이다.

지금은 상계동 아파트단지로 변한 마들은 모내기할 때 쓰는 볍씨만도 800석을 넘게 뿌렸던 큰 들로, 주로 큰말(갈월)·샘말·벽운동·온숫골 사람들이 농사를 지었다. 이 중 갈월이 가장 큰 마을로 90~100호가 모두 농가였으며, 이 가운데 30호는 대대로 살았던 파평윤씨였다고 한다.

마을의 정확한 유래는 알 수 없으나 상계동에 옛날 역참(驛站)이 있어 말을 들에 방목하여 키웠기 때문에 생긴 이름이라고도 하고, 상계동 일대가 삼밭이어서 삼밭(麻田)의 마(麻)들에서 유래되었다는 설도 있다.

마들농요는 열소리 계통의 모심는 소리의 호미로 애벌 맬 때의 두루차소리, 두 벌 맬 때의 미나리, 다 매갈 무렵의 신나게 부르는 꺾음조가 주가 된다. 그밖에 '방아타령' '네닐넬상사디야' '우야훨훨'도 논맬 때 가끔 부르기도 하고 들일을 마치고 돌아오면서 부르기도 한다.

마들농요의 내용은 다음과 같다. 먼저 새납(호적)·징·꽹과리·장고·북·소고·제금 등 풍물을 앞세우고 입장한다. 이어 하나부터 열까지 센 후 다시 열소리를 교창하면서 모를 심는다.

"하나로다 둘이요-호 둘이라 하 셋 이어셋 셋이로구나 셋이-라넷 너이로구나 하 네잇요-호 넷이며 헛 다섯 다섯이라 여섯이요 여서-헛 일곱 일곱이냐 일고-홉 일곱이면 여덜 여덜 여덜 여덟이힌데 여덜 아홉홉-하호오옵 아호-옵이면 열열하나 하-하나"

(이 소리는 처음부터 반복한 뒤 끝맺는다)

그 다음은 애벌매기로 호미로 지심(김)을 맨다. 두루차소리를 멕이고 받으며 '네넬넬상사디야 우야훨훨'로 끝맺는다.

"하나마 갈꺼랴에 헤이하에 두루차 하-에 헤화 이논 매기가 힘일들어에 두--나 어허어화 에 간다네네-에화 어-루차-어허어화"

이어지는 두 벌 매기에는 손으로 논을 훔친다. 아침 노래, 점심 노래, 저녁 때의 노래가사가 구별되어 있는 마들의 미나리를 선입 후 제창방법으로 부른다. 논을 다 맬 무렵이면 춤을 추면서 신명 나는 꺾음조를 제창한다. 꺾음조의 후렴은

"에헤 둥기야당실 둥기야 당실 모두 다라 두어 당실 다던져 버리고말이 무엇해 네가네로고나 이예이예이여 이슬아침 나오-시라-고모--시이예이처--마다 젖었네 모시치마 다 젖었거든 거덤거덤 걷어안고 영광정에 줄을 매고 동남풍에 말려주소"

논을 다 맨 뒤에 부르는 저녁 노래인 꺾음조가 이어진다.

"여-이다 지-히일네여다질네
동대문을 열구 보니 팔만 장안이 꽃밭일세

다 던져버리고 말이 무어엇 해

동대문을 여 다질-네

에헤 둥기야당실 둥기야당실 모두다라디여 당실

네이가 네로오고나"

이 마들농요는 강원도 토속요(土俗謠)의 영향을 받은 것으로 보고 있다. 강원도에서 모심을 때 또는 밭을 매면서 부르던 소리가 미나리이다. 이 소리가 경기도 포천에서 논의 김맬 때의 소리로 전환되고, 다시 의정부를 거쳐 마들로 들어오면서 가락·가사·가창 방법 등이 마들농요로서의 색채를 가미하였다. 두루치소리와 꺾음조는 마들농요로서의 개성을 돋보이게 하는 곡들이다.

따라서 마들농요는 경기지방 농요를 바탕으로 하면서도 강원도 지방 농요의 영향을 받아 자생한 것으로 보고 있다.

서울 시내에 옛날의 향토 농요가 구전으로 전승되어 온 것은 매우 뜻깊은 일이라 하겠다. 앞으로 채보와 고증을 거쳐 계승에도 노력해야 할 것으로 생각한다.

보유자로는 김완수(金完洙)가 있다.

12. 바위절마을 호상놀이

　바위절마을(岩寺洞) 호상(好喪)놀이는 부부 쌍상여(雙喪輿) 호상놀이로서, 가정형편이 좋으며 오래 살고 복이 있는 사람이 사망하였을 때 하는 놀이이다. 출상시(出喪時) 험난한 길을 무난히 갈 수 있도록 전날 밤 빈 상여를 메고 선소리꾼과 상여꾼들이 모여 밤새도록 만가(輓歌)를 부르며 발을 맞추는 놀이이다.

　이 놀이는 현 서울특별시 강동구 암사동이 1963년 서울특별시에 편입되기 전까지만 해도 전래되어 왔으나, 그 뒤 마을의 개발과 도시화 물결로 단절된 것을 30여 년 만인 1990년에 몇몇 뜻있는 이들에 의해 원형 복원되었다.

　이 놀이의 구성은 출상·상여놀이·노제(路祭)·징검다리 건너기·외나무다리 건너기·산비탈 타기·산역행으로 짜여 있다. 대여(大輿)는 4인씩 9행 해서 36명, 소여(小輿)는 4인씩 7행 해서 28명의 상두꾼으로 꾸몄다.

　대여에는 선소리꾼이 올라서거나 앞서 걸어가며 요령을 흔들고 소리를 메기며, 소여에도 요령잡이를 한 사람 배치한다. 상여를 들어 올리거나 내릴 때는 요령을 잦게 흔듦으로써 신호로 삼는다.

　절차는 발인제, 노제, 논두렁 건너기, 징검다리 건너기, 외나무다리 건너기, 산신제, 달구질, 평토제 순이며, 복식은 상복이다.

　배역 인원은 대표기 1, 농악 6, 방상시 2, 요여 2, 만장기 20, 명정 2, 불삽 2, 공포 2, 큰 상여 36, 작은 상여 28, 상주(남·여) 10, 복재기 10, 조객 10, 지게꾼 2명이다.

　도구는 상여 2, 요여 1, 만장기 20, 공포 2, 명정 2, 불삽 2, 운삽 2, 상복, 방상시(탈 2, 방패 2, 칼 2), 호적 1, 장고 1, 상쇠 2, 징 1, 북 1, 제기류(祭器類), 관 2,

외나무다리 1조, 징검다리 1조, 논두렁 1 등이다.

놀이 내용의 줄거리를 요약하면 다음과 같다.

망인(亡人)이 상여에 옮겨지면 발인제를 지낸다. 선소리꾼이 요령을 흔들면서 '곤방네'를 세 번 부를 때 상두꾼들이 '네' 하고 대답하며 상여를 들어 어깨에 멘다. '어러기넘차' 소리를 몇 회 부르며 발을 맞춘 뒤 선소리꾼이 마모소리를 내면 상주·복재기들은 절을 세 번 한다. 상여도 앞쪽을 숙이며 하직인사를 한다.

요령잽이가 상여 앞에 올라선다. 동구 밖을 나가기 전에 쌍상여가 마주 보며 서로 밀고 당기며 맴돌기도 하면서 상여 어루기도 한다. 소리는 방아타령이 불린다. 상여는 망인이 잘 다니던 곳, 자기 소유 전답을 지날 때 잠시 쉬는데 이때 노제를 지내고 조문을 하지 못한 조객(弔客)들은 문상을 한다. 징검다리와 외나무다리를 건널 때는 4열의 상두꾼 중 바깥편 2열은 대열에서 나가고 안쪽 2열만 건넌다.

상여와 발은 중심에 두고 몸을 바깥으로 곧게 기울이기 때문에 2열의 상두꾼이 v자형을 이루게 된다. 산비탈을 탈 때는 4열로 가되 높은 경사면의 상두꾼들 2열은 몸을 숙이고 낮은 논둑의 다른 2열은 상여를 높이 치켜들어줌으로써 균형을 맞춘다. 이렇듯 여러 형태의 행상 모습과 그 운구요령을 보여주고 있다.

암사동의 일반적인 상여 행렬은 연 혹은 지초연이 앞서고 만장기와 농악(징·장고·북·새납)이 뒤따르며 상여·상주·복재기·조객 순으로 길을 떠난다. 고증자들은 방상시를 보지 못하였으며 민속경연 준비 때 첨가했다고 한다.

달구질은 6인이 2회 다지고 평토 후 벌다구질은 10~15인이 3회 다짐이 기본이며, 상주가 더 달궈주길 바랄 때는 2회 더 해서 모두 9회를 다지기도 한다.

　선소리꾼은 따로 서서 북을 치면서 멕이고 달구꾼들은 각자 한 발 두 뼘 길이의 긴 달굿대를 쥐고 나비 놀듯 허리를 굽놀리면서 소리를 받는다. 암사동 쌍상여 호상놀이는 일반전통 장례행사와 비슷하나 슬픔 속에서 진행되는 것이 아니고 즐거운 가운데서 진행된다는 것, 발동작이 절도 있다는 것, 회심곡과 방아타령 등이 불리는 것이 일반 상여와 다르다고 하겠다.

　이 놀이는 조선시대 이 마을에 세거(世居)하던 문씨(文氏) 문중에서 행해진 것으로 전해진다.

　보유자로는 이종천(李鍾天) · 이재경(李載慶) 등이 있다.

13. 봉산탈춤(鳳山탈춤)

　봉산탈춤은 황해도 봉산군에 전승되던 탈춤으로, 19세기 말 이래로 해서 (海西) 탈춤의 대표적인 놀이였다. 그 근원은 산대도감(山臺都監) 계통극의 해서탈춤에 두고 있으며, 봉산은 황주(黃州)·평산(平山)과 함께『팔역지(八域 誌)』의 소위 남북직로상(南北直路上)의 주요한 장터의 하나로 탈춤공연의 경제 적 여건이 갖추어져 있었다.

　봉산탈춤의 중흥자는 약 200여 년 전 봉산의 이속(吏屬) 안초목(安草木)으 로, 그는 나무탈을 종이탈로 바꾸는 등 많은 개혁을 하였다. 그 후 이속들이 주 로 봉산탈춤 놀이를 하게 되면서 해서지방의 대표적인 탈춤으로 알려지게 되 었다.

　주로 5월 단옷날 벽사(辟邪)와 기년(祈年)의 행사로서 놀았지만 원님의 생일 등 관아의 경사에 특별히 연희되었다고 한다. 1915년경 행정기관이 사리 원(沙里院)으로 옮겨지자 이 놀이도 사리원으로 옮겨져 경암루(景岩樓) 앞 광장에서 놀게 되었다.

　봉산탈춤의 내용은 7마당 5거리로 되어 있다. 제1은 사상좌(四上佐) 춤마당 으로 사방신(四方神)에 배례하는 의식무(儀式舞) 장면이다. 제2는 팔먹중마당 으로 첫째거리는 팔먹중 춤놀이이며 둘째거리는 법구놀이이다. 제3은 사당춤 마당으로 사당(社堂)과 거사(居士)들이 흥겨운 노래를 주고받는 장면이다. 제4는 노장(老長)춤마당으로, 첫째거리는 노장춤놀이로 노장이 소무(小巫)의 유혹에 빠져 파계하는 장면이며, 둘째거리는 신장수춤놀이로 신장수가 노장에 게 신을 뺏기는 장면이며, 셋째거리는 취발이춤놀이로 취발이가 노장으로부터 소무를 빼앗고 살림을 차리는 장면인데 여기서 모의적인 성행위와 출산은 풍요제의적(豊饒祭儀的) 성격을 띠고 있다. 제5는 사자춤마당으로 사자로 하여금 노장을 파계시키고 파계승들인 먹중들을 징계하는 장면이며, 제6은 양반춤마당으로 양반집 머슴인 말뚝이가 양반 형제들을 희롱하는 장면이다. 제7은 미얄춤마당으로 영감과 미얄할멈과 영감의 첩 덜미리집과의 삼각관계를 그리다가 영감에게 맞아 죽은 미얄할멈의 원혼을 달래는 무당굿으로 끝난다.

봉산탈춤에 사용되는 탈은 팔먹중·노장·취발이탈과 같은 귀면형(鬼面型)의 이른바 목탈이 주요한 배역을 맡고 있다. 먹중의 기본 의상은 화려한 더그레(저고리)에 붉고 푸른 띠를 매며 소매에는 흰 한삼을 달았고 다리에는 행전을 치고 웃대님을 맨다. 먹중춤은 한삼 소매를 휘어잡고 뿌리거나 경쾌하게 휘두르면서 두 팔을 빠른 사위로 굽혔다 폈다 하는 동작의 이른바 '깨끼춤'이 기본이 되는 건무(健舞)이다.

춤사위는 팔먹중의 춤집(舞幅)이 큰외사위·곱(겹)사위·양사위·만사위와 취발이의 깨끼춤, 말뚝이의 두어춤, 미얄의 궁둥이춤과 까치걸음, 팔먹의 뭇둥춤 등이며 불림에 따라 장단을 정하고 춤을 춘다. 특히 팔먹춤은 귀면형의 탈과 함께 둘째목이 등장하여 첫째목을 때려서 쫓는 식으로 차례로 반복하는 형식은 벽사무(辟邪舞)의 모습을 남긴 것으로 보인다.

등장하는 배역 수는 36명이 되나 겸용하는 탈이 있으므로 실제로 사용되는 가면 수는 27개가 되며 상좌

4개, 먹중(墨僧, 目僧) 8개, 거사 6개, 사당, 소무, 노장(僧), 신장수(鞋商), 원숭이, 취발이(醉發), 맏양반(샌님), 둘째양반(서방님), 셋째양반(종가집 도련님), 말뚝이, 영감, 미얄, 덜머리집(용산삼개), 남강노인(南江老人), 무당, 사자 등이다.

봉산탈춤은 다른 지방의 탈놀이에서 끊임없이 영향을 받으면서 개량되었고, 명수들의 배역과 뛰어난 연기로 주위에 명성을 떨쳤으며, 19세기 말 20세기 초에 걸쳐 강령탈춤과 함께 황해도 탈놀이의 최고봉을 이루었다.

보유자는 윤옥(尹玉) 외에 양소운(梁蘇云)·김기수(金璂洙)·김애선(金愛仙)이 있으며, 장용일(張鏞逸) 등 조교 6인이 있다.

14. 북청사자놀음_(北靑獅子놀음)

북청사자놀음은 함경남도 북청군 산하 여러 마을에서 음력 정월 14일 밤에 세시풍속의 하나로 놀던 민속놀이이다.

한국의 사자춤에 대한 기록은 일찍이 삼국시대부터로, 백제인 미마지(味摩之)가 중국 남조(南朝) 오(吳)나라에서 배워 612년 일본에 전했다는 기악(伎樂)에서 처음 나타난다. 또한 『삼국사기(三國史記)』「잡지(雜誌)」 가운데 최치원(崔致遠)이 적은 "향악잡영(鄕樂雜詠)"에 나오는 다섯 가지 놀이 중에 '산예(狻猊)'가 바로 사자춤이다. 사자춤에 대한 조선시대의 문헌기록은 유득공(柳得恭)의 『경도잡지(京都雜誌)』와 1843년 송만재가 지은 「관우희(觀優戲)」라는 한시(漢詩) 등에서 발견된다.

이와 같이 천 년 이전부터 조선시대를 거쳐 현재까지 전승되는 사자놀이 가운데 북청사자놀음이 한국의 사자춤을 대표한다. 북청사자놀이는 용맹스러운 사자의 모습을 춤으로 표현하기 때문에 매우 씩씩하고 힘찬 춤사위를 구사하고 있다.

북청사자놀음을 거행하던 주목적은 벽사진경(辟邪進慶)과 풍년 농사를 기원하는 데 있다. 동물의 왕인 사자가 벽사의 의미를 띤 가면으로 전래하는 과정에서, 사자춤은 악귀를 내쫓아 마을의 평안을 가져오면서 풍년 농사를 기원하는 종교적 기능을 수행했던 것이다.

또 북청사자놀음은 마을의 단결과 화합을 도모하는 사회적 통합의 기능도 수행하였다. 북청군 내의 수십 개 마을에서는 각 마을마다 주민들이 대다수 참여하여 사자놀이를 준비하였다. 정월 14일 저녁 마을사람들이 뒷산에 올라

가서 횃불놀이하고, 15일 저녁에는 마을 공터에서 사자놀이를 하다가 집집마다 방문하여 사자놀이를 놀아줌으로써 각 가정의 액운을 쫓고, 그 과정에서 모은 쌀과 돈을 마을의 공동사업에 사용함으로써 마을 주민들 사이에 공동체의식을 형성하면서 자연스럽게 단결과 화합을 도모할 수 있었다.

연희 내용은 퉁소·북·징의 반주에 맞추어 진행된다. 퉁소는 대나무로 만든 관악기인데, 매우 흥겨운 가락으로 이 놀이의 모든 춤을 반주한다.

제1과장은 '마당돌이'로, 길잡이가 막대기를 휘두르며 놀이판을 정리하면, 하인인 꼭쇠가 주인인 양반을 모시고 등장하여 사자놀이를 소개하는 대화를 주고받는다.

제2과장은 '애원성춤'으로, 애원성이라는 함경도 민요가락에 맞추어 추는 춤이다.

제3과장은 '사당·거사춤'으로, 사당 2인과 거사 2인이 등장하여 추는 춤이다. 사당과 거사는 옛날에 춤과 노래를 부르며 떠돌아다니던 유랑예인이다.

제4과장은 '무동춤'으로, 어린아이들이 어른의 어깨 위에 올라가서 춤을 추는 것이다.

제5과장은 '꼽추춤'으로, 가슴과 등에 헝겊을 넣어 불룩 튀어나오도록 하고 꼽추의 흉내를 내며 흥겹게 춤을 춘다.

제6과장은 '칼춤'으로, 두 사람이 자그마한 칼을 가지고 춤을 춘다.

제7과장은 '사자춤'으로, 두 마리의 사자탈이 나오는 사자춤은 초장·중장·말장의 세 부분으로 구성되어 있다. 초장에서는 사자가 몸을 풀면서 간단하게 춤을 춘다. 중장에서는 사자가 엎드리고, 기고, 뛰고, 서로 입을 맞추고, 꼬리를 흔드는 등 다양한 춤을 춘다. 그러다가 사자는 양반이 준 토끼를 먹고 쓰러진다. 스님이 나와 염불을 하는데도 소용이 없자, 의원이 등장하여 침을 놓고 감로수라는 약수를 먹여 사자를 소생시킨다. 말장에서는 소생한 사자가 더욱 빠른 속도로 신나게 춤을 추면서, 사자탈 속에 들어간 앞채 사람이 뒤채 사람의 어깨에 올라가 입사자(立獅子)가 되어 일어서기도 한다.

제8과장은 '군무'로, 그동안 등장했던 춤꾼들이 모두 나와서 서로 어울려 춤을 추는 것이다.

보유자는 북청사자놀음보존회 대표 이근화선(李根化善)이다.

15. 사직대제(社稷大祭)

　사직대제는 토지를 관장하는 사신(社神)과 오곡을 주관하는 직신(稷神)에게 풍작을 기원하는 국가적인 제사였다.

　그 연원은 고대 삼국시대부터 농신(農神)에 대한 제의(祭儀)가 있었으며, 조선 태조 3년(1394)에 도성 내 동쪽의 종묘에 대비시켜 서쪽에 사직단을 설치하였다.

　그 규모는 단 2개를 만들어 동쪽은 사단(社壇), 서쪽은 직단(稷壇)으로 하고, 사방이 각각 2장 5척으로 북쪽에서 남으로 향하게 하였고 높이는 3척인데 사방으로 계단 3층을 쌓았으며, 단상에는 각각 2척 5치 정도의 석주(石柱)가 있다.

　사단에는 국사(國社)의 신위(神位)를 남쪽에서 북을 향하여 봉안하고 후토신(后土神)을 배향시켰으며, 직단에는 국직(國稷)의 신위를 봉안하고 후직신(后稷神)을 배향시켰다. 위판(位版)은 길이가 2척 2치 5푼, 너비가 4치 5푼, 두께가 7푼이며, 받침의 둘레는 4방이 8치, 높이는 4치 6푼으로 모두 밤나무로 만들었다.

　사직대제의 제의는 조선 전·후기와 대한제국시기에 편찬된 의례서에 따라 차이를 보인다. 조선 전기에는『국조오례의(國朝五禮儀)』에 수록된 의례절차에 따라 거행되었고, 조선 후기에는 정조 때 편찬된『사직서의궤(社稷署儀軌)』에 의해 봉행하였으며, 대한제국시기에는『대한예전(大韓禮典)』에 의해 황제의 지위로 거행되었다. 현재의 의례는 대한제국의 의례를 따르고 있다. 제의시기는 2월과 8월, 동지·제석(除夕)에 거행되었다.

　『사직서의궤』의 의식절차는 재계(齋戒)·친림서계(親臨誓戒)·진설(陳設)·

친전향축(親傳香祝) · 거가출궁(車駕出宮) · 전폐(奠幣) · 진숙(進熟) · 거가환궁(車駕還宮)의 순서였다. 현재 거행되는 의식은 전폐 · 초헌(初獻) · 아헌(亞獻) · 종헌(終獻) · 음복(飮福) · 철변두(撤籩豆) · 망예(望瘞)의 순으로 진행된다.

제물은 도(稻) · 양(梁) · 서(黍) · 직(稷)을 비롯해서 12변(籩), 12두(豆), 6색병(餠) 등 거의가 종묘와 같고, 종묘가 2갱(羹)인 데 비해 사직은 화갱(和羹) 3기만을 쓴 이유는 종묘가 실존 인물인 왕이 승하하여 모신 신주(神主)이며 왕비인 배위(配位)가 있는데, 사직은 천지(天地)의 정령(精靈)이고 배위가 없기 때문이다. 또 종묘는 서쪽이 상(上)이고 사직은 동쪽이 상이며 종묘의 폐(幣)는 백색이고, 사직은 흑색(黑色)이다.

사직대제의 제향음악은 먼저 영신(迎新)에는 헌가(軒架)에서 순안지악(順安之樂)이 연주되고 열문지무(烈文之舞)가 추어졌다. 전폐에는 등가(登架)에서 숙안지악(肅安之樂)과 열무지무(烈武之舞)가 추어졌다. 진찬(進饌)에는 헌가의 옹안지악(雍安之樂)이 연주되고 초헌에는 등가의 수안지악(壽安之樂)과 열문지무에 이어 문무(文舞)가 무무(武舞)로 바뀌면서 서안지악(舒安之樂)이 연주되었다. 아헌과 종헌에는 등가에서 수안지악과 열문지무를 추었으며, 철변두에는 등가의 옹안지악과 헌가의 순안지악이 사용되었다.

이 사직대제는 고종 31년(1894)에 신관제(新官制)로 바뀌었고 순종 2년(1908) 일제의 강압에 의해 폐지되었다. 그 뒤 1988년에 종묘제례의 기능보유자인 이은표(李殷杓)의 고증을 통해 복원하여 봉행되어 왔으며, 현재 전주이씨 대동종약원 내에 있는 사직대제봉행위원회에서 보존 · 계승하고 있다.

이 사직대제의 의식절차 등은 우리 전통문화 곧, 전통의례를 올바르게 이해하는 데 도움이 되는 우리 고유의 문화유산이다.

보유자는 사직대제봉행위원회 이건웅(李建雄)이 있다.

16. 살풀이춤

살풀이는 무속의식(巫俗儀式)에서 액(厄)을 풀어낸다는 뜻이다. 즉, 살(煞)을 푸는 춤으로 일명 '도살풀이'라고도 한다.

예로부터 그 해(害)의 액을 풀기 위하여 굿판을 벌이고 살을 푸는 춤을 추어왔으므로 무속(巫俗)에서 파생된 것으로 보이나, 무속의 형식이나 동작은 보이지 않는다. 그러나 음악 중 살풀이장단이라는 독특한 무악(巫樂) 장단이 있다. 따라서 이 춤은 남도(南道) 무무(巫舞) 계통이라는 설이 있다.

또 일설에는 처음에 무당들이 살풀이가락에 맞추어 신(神)을 접하기 위한 수단으로 춤을 추었으나, 뒷날 이들이 관기(官妓)가 되거나 사당패(社堂牌)로 그 신분을 달리하였고, 다시 사당패가 분화되어 기녀(妓女)로 탈바꿈하는 동안 변화되면서 점차 멋을 부려 아름다움을 보이는 기법으로 변천하여 기방무용(妓房舞踊)으로 계승·발전한 것으로 보고 있다.

이러한 변천과정에서 살풀이춤은 기방인(妓房人)들에 의해 그 호칭이 입춤, 즉 흥무·수건춤 등으로 불리면서 보편화된 춤사위가 생성되어 오늘에 이르렀다고 한다.

그러나 이 춤이 어느 시기에 살풀이춤으로 개칭되었는지는 알 수 없다. 문헌상으로는 1934년에 한성준(韓成俊)이 '조선음악무용연구소'를 창립하고 1936년에 부민관(府民館)에서 제1회 한성준무용발표회를 하면서 방안춤을 극장무대에 올려 최초로 살풀이춤이라는 명칭을 사용하였다고 한다.

그 뒤 점차 대중 사이에서 본격적인 살풀이춤이 등장하였다. 살풀이춤은 우리 민족의 정서를 대변하는 춤으로서 그 예술성이 인정되어 계승되는 것이다. 이 춤을 전문적으로 연희해 온 사람으로는 이동안(李東安), 김숙자(金淑子), 이매방(李梅芳), 한영숙(韓英淑) 등을 들 수 있다.

살풀이춤은 일반적으로 무원(舞員) 1인이 흰 치마저고리에 부드럽고 가벼운 흰 수건을 들고 머리는 쪽을 찐 채 무대 한가운데 선다.

이때 살풀이장단의 시나위 음악에 맞춰 수건 든 손을 살며시 어깨높이까지 들어 올리다가 다시 환상적인 동작으로 돌며 양손에 수건을 번갈아들기도 하고, 수건을 허리 뒤로 돌리며 옆걸음을 살짝 걷기도 하다가 멈추기도 한다. 제자리에서 수건을 어르면서 어깨춤을 추는 등 미(美)의 자태를 과시하면서도 차가운 분위기를 형성하기도 하며, 수건을 떨어뜨리고 몸을 굽혀 엎드려서 수건을 어르는 살풀이 특유의 앉은 사위를 한다.

음악이 굿거리로 바뀌면 춤 동작이 가벼워지고 어깨춤이 시작되며 이때부터 동작이 다양해지고 수건 놀림도 많아져 흥겨움을 더해준다.

음악이 자진모리로 바뀌면 춤이 빨라지는 반면 발동작이 주가 되어 회오리 바람을 일으키듯 무대를 돌며 정면을 향해 선다. 관객을 황홀경에 몰아넣은 다음 갑자기 춤이 끝나는 즉, 정중동(靜中動)의 미가 극치를 이루는 신비스럽고 환상적인 동작으로 구성된 춤이다.

살풀이장단은 3분박 · 4박으로(8/12박자) 규칙적 리듬을 이루고 있으며, 4/6박자의 도살풀이 장단과 4/4박자 동살풀이 장단의 시나위곡으로 구성되어 있다. 시나위는 육자배기토리로 된 허튼 가락의 기악곡으로 심방곡이라고도 한다.

춤 반주에는 살풀이 · 덩더꿍 장단이 주로 쓰이며, 악기편성은 피리 · 젓대 · 해금 · 장구 · 징으로 구성되어 있다.

시나위는 즉흥적인 허튼 가락을 지닌 점, 유동음을 많이 사용하는 점에서 우리 음악에서 특이한 것으로 여겨지고 있다.

이매방류 살풀이장단은 처음에 살풀이장단으로 추다가 자진몰이로 몰아 추고 마지막으로 살풀이장단으로 끝을 맺는다. 악기는 삼현육각(三絃六角)으로 반주한다. 이매방의 살풀이춤은 맺고 푸는 데서 춤사위의 독특한 맛이 느껴지며, 수건의 뿌림과 발놀림이 까다로워 고도의 기교를 요하는 춤이라 하겠다.

보유자는 이매방(李梅芳)이 있다.

17. 서도소리(西道소리)

서도소리는 황해도와 평안도 지역에서 전승되는 민요·잡가(雜歌) 등을 가리킨다. 서도소리는 예로부터 대륙과 인접한 거친 풍토에서 북방 이민족과 겨루며 굳세게 살아온 관서(關西)지방 사람들의 생활 속에서 면면히 이어온 소리이다.

조선 말기에 평양의 소리꾼 허덕선(許德善)이 서도소리 잘 하기로 이름이 있었고 기밀경을 지어서 잘 불렀다 한다. 그 뒤 평안도 용강의 소리꾼 김관준(金寬俊)의 뒤를 이어 김종조(金宗朝), 최순경(崔順慶), 이인수(李仁洙), 김칠성(金七星), 김주호(金周鎬), 김밀화주(金密花珠)와 같은 명창이 나서 일제 때까지 크게 불렸다. 김밀화주의 소리는 장학선(張鶴仙)이 이어받았고, 그 뒤 김정연(金正淵, 작고), 오복녀(吳福女, 작고), 이은관(李殷官, 작고), 이춘목(李春木), 김광숙(金光淑)으로 이어오고 있다.

서도소리는 짧은 장절(章節) 형식으로 된 민요, 긴 통절(通節) 형식으로 된 잡가, 한시(漢詩)를 읊은 시창(詩唱)으로 나눌 수 있다. 민요는 평안도 민요와 황해도 민요로 갈라진다.

평안도 민요는 수심가(愁心歌)·엮은 수심가·긴아리·잦은아리·안주애원성(安州哀怨聲) 등이 있으며, 황해도 민요로는 긴 난봉가·잦은 난봉가·병신난봉가·사설 난봉가·산염불(山念佛)·자진염불·몽금포타령 등이 있다. 또 서도 잡가로는 공명가(孔明歌)·사설공명가·초한가(楚漢歌)·제전(祭奠)·추풍감별곡(秋風感別曲) 등이 있으며, 시창과 비슷한 관산융마(關山戎馬), 배뱅이굿도 여기에 속한다. 공명가는 판소리 적벽가(赤壁歌) 중 제갈공명이 남병

산(南屛山)에서 동남풍을 비는 대목의 사설을 서도소리 가락에 얹은 것이고, 산염불은 무가(巫歌)의 염불요(念佛謠)가 속요화(俗謠化)된 것으로 보인다.

이 중에서 수심가는 비교적 보편성을 띠고 있으며 전체 서도소리의 척도가 된다. 이 소리는 병자호란(丙子胡亂) 무렵에 성천(成川)의 명기(名技) 부용(芙蓉)이 지은 것이라고 하지만 믿을 만한 근거는 없다. 조선 초기부터 이 지방 사람들의 벼슬길을 막아버리자 그 설움의 푸념으로 읊어진 넋두리였는지도 모른다.

관산융마는 영조 때 신광수(申光洙)의 공령시(功令詩)를 율조(律調)에 올려 부르는 소리로 서도 시창으로 볼 수 있다. 처음으로 읊은 사람은 평양 기생 모란(牧丹)으로 전하고 있으며, 그 성조(聲調)가 처량하고 우아하여 많은 기생들의 모창(倣唱)으로 널리 알려지게 되었다. 그러나 서도 본바닥 창곡가(唱曲家)가 아니면 그 진수를 꿰뚫지 못했던 것이다.

추풍감별곡은 작자미상의 회장소설(回章小說) 추봉감별곡(秋鳳感別曲)에서 유래한 것으로, 창조(唱調)는 가사나 긴잡가처럼 고르게 다듬어진 장단과 변화성 있는 선율은 없으며, 구성지게 읊는 규방가사(閨房歌辭)의 성조와 비슷하다고 볼 수 있다. 그러나 서도조의 처량함과 우아함을 겸유한 목소리가 아니면 부르기 어려운 소리이다.

그 밖에 긴아리와 자진아리는 평안도 용강과 관서지방의 구전민요로서 토속적인 소박한 맛이 간직된 소리이다. 안주애원성은 평안도 안주지방에서 베를 짜기 위하여 실을 잣던 아낙네들이 부르던 노래라고 하는데, 함경도 민요 애원성과 구별하기 위하여 안주애원성이라 했다 하며, 부녀자들의 고달픈 생활에 대한 애환이 가사 속에 들어 있어 밝은 내용의 소리는 아니지만 가락이나 장단 면에서는 수심가나 긴아리보다도 오히려 경쾌한 맛을 준다.

서도소리의 가락은 '수심가토리'라고 하여 대개 위에서부터 질러내면 위의 음은 흘러내리고, 가운데 음은 심하게 떨고 아래 음은 곧게 뻗는 특이한 선율 진행을 보여주는 것이 특징이다. 이 소리들을 느릿하게 부르면 구슬픈 느낌을 준다.

18. 서울 새남굿

새남굿은 서울의 전통적인 망자천도(亡者遷度)굿으로, 보통 진오기 또는 진
오귀라 한다. 이를 분류하면 일반인의 망자(亡者)를 위한 굿은 평진오기, 중류
층은 얼새남, 상류층은 새남굿이라 한다. 이 망자천도굿은 지방마다 명칭이
다르다. 서울·경기·황해도 지방은 보통 진오기, 전라도(진도)는 씻김굿, 충
청·경상도는 오구굿, 제주도는 시왕(十王)맞이, 평안도는 수왕굿, 함경도는
새남굿 또는 망묵굿·망무기굿 등으로 부른다.

서울 새남굿은 안당사경맞이와 새남굿으로 짜여 있다. 안당사경맞이는
서울·경기지역의 전통적 재수굿의 형태로 새남굿의 전날 저녁부터 이튿날 새벽
까지 밤새워 논다. 거리순서는 주당물림에서 시작하여 부정·가망청배·진적·
불사거리·도당거리·초가망거리·본향거리·조상거리·상산거리·별상거리·
신정거리·대감거리·제석거리·성주거리·창부거리·뒷전 등 17거리이다.

아침부터 시작되는 새남굿은 다시 새남부정거리부터 시작하여 가망청배·
중디밧산·사재삼성거리·말미거리·도령(밖도령)·문들음·영실·도령(안
도령)·상식·뒷영실·배째(배가르기)·시왕군웅거리·뒷전 등의 14제차(祭
次)로 이루어진다. 이렇게 거리 수가 많고 장시간 소요되기 때문에 만신 5인과
쟁이 6인이 참여한다.

불사거리는 만신의 영혼인 말명을 모시고 불사(佛師)·천존(天尊) 등을 위하
여 노는 거리로 무무(巫舞)가 시작되고 무복(巫服)과 무구(巫具)를 필요로
한다.

중디밧산은 만신의 앉은거리로서 시왕의 영험을 찬양하는 시왕풀이를 부르

며, 사재삼성거리는 망자의 혼백을 호위·인도하는 저승사자를 놀리는 거리이다.

말미에서는 만신이 화려한 복식으로 무조(巫祖)로 섬겨지는 바리공주의 무가(巫歌)를 부르며, 도령은 만신이 지장보살을 모신 연지당 앞에 세워진 저승문을 돌고 문사자(門使者)와 이야기를 나누고 문을 통과한다.

영실은 망자가 지장보살에게 자신의 억울한 사정을 호소하며 자비를 구한다. 안도령은 망자의 혼백을 인도하는 바리공주가 저승의 12대문을 안전하게 통과하려 애쓰는 대목이며, 상식은 유족이 망자에게 유교식 제사를 드리는 거리이다. 뒷영실은 망자의 혼이 씌워진 만신의 유족들에게 마지막 당부의 말을 전한다. 그 다음 만신이 이승다리와 저승다리를 상징하는 무명과 베를 찢어 그 길을 열어줌으로써 망자의 혼이 저승세계로 무사히 천도된다.

시왕군웅거리는 저승의 십대왕을 호위하는 신장들에게 망자의 혼백 인도와 보호를 기원한다. 뒷전은 새남굿에 왕림한 모든 신령들에게 굿이 끝났음을 알려 배송하고 잡귀·잡신도 대접하여 돌려보낸다.

무무(巫舞)는 반주 음악에 따라 대부분 장중하고 고아한 춤사위를 보인다. 특히 안당사경맞이에서의 상산춤·굿거리춤·별상춤·당악춤 등과 새남굿에서의 도령춤 즉, 평도령·손도령·부채도령·칼도령 등은 이 굿에서 보이는 유려한 춤사위들이다.

또 청신(請神), 접신(接神), 오신(娛神), 송신(送神)에 따라 춤의 구조가 다르다. 즉 청신에서는 춤이 없으며, 접신 때에는 막춤과 도무(蹈舞)를 하고, 오신에서는 팔자춤·막춤·굿거리춤 등 춤이 화려하며, 송신에서는 무복(巫服)을 벗어 손에 받치고 한 바퀴 돌며 절을 하고 끝낸다.

무구(巫具)는 굿할 때 사용하는 도구로 기본적인 것은 부채·방울·대신칼이며, 신칼 · 작두와 무점구(巫占具)인 엽전 · 방울 · 지전(紙錢) · 오색기 등이 있으며, 서울 새남굿의 경우 작두는 사용하지 않는다.

반주 악기는 타악기로 장구 · 징 · 제금이 있고, 현악기로는 해금이 있으며, 취악기로는 젓대 · 피리가 있다. 장구 · 징 · 제금은 무당이 소지하고 나머지 악기는 악사들이 소지한다.

서울 새남굿은 굿청의 제반 장식과 만신들의 복식 · 음악 · 춤이 화사하며, 무악(巫樂)은 삼현육각(三絃六角)을 잡아 연주하기 때문에 규모가 크며 화려하고도 장중하다. 이것은 조선시대 궁중문화적 요소를 수용한 것으로 보인다.

보유자는 김유감(金有感) 외에 전수교육조교로 이상순(李相順) · 김정치(金正治)가 있다.

19. 석전대제(釋奠大祭)

석전이란 문묘(文廟)에서 공자(孔子)를 비롯한 선성선현(先聖先賢)에게 제사 지내는 의식이다. 석(釋)은 '놓다(舍)' 또는 '두다(置)'의 뜻을 지닌 글자로서 '베풀다' 또는 '차려놓다'라는 뜻이며, 전(奠)은 추(酋)와 대(大)의 합성자로서 '酋'는 술병에 덮개를 덮어놓은 형상이며, '大'는 물건을 얹어두는 받침대를 상징한다. 따라서 석전은 생폐(生幣)와 합악(合樂)과 헌수(獻酬)가 있는 성대한 제전으로 석전제 · 상정제(上丁祭) · 정제(丁祭)라고도 한다. 이와 유사한 말로 석채(釋菜)가 있는데 이는 나물 종류만 차려놓고 음악이 연주되지 않는 조촐한 의식이다.

석전의 유래는 유교경전이 들어온 삼국시대부터 있었을 것으로 추정된다. 조선시대에는 태조 7년(1398)에 성균관을 설치하여 국립 최고학부의 기능을 다하게 하였다. 정전(正殿)인 대성전(大成殿)에는 공자를 위시해서 4성(四聖) · 10철(十哲)과 송조(宋朝) 6현(六賢) 등 21위를 봉안하고, 동무(東廡) · 서무(西廡)에는 우리나라 명현(名賢) 18위와 중국 유현(儒賢) 94위 등 모두 112(대성전 포함 133)위를 봉안하고 매년 봄 · 가을 두 차례씩 석전을 올렸다.

1949년 전국유림대회(全國儒林大會)의 결정으로 동 · 서무의 112위 중 우리나라 명현 18위는 대성전에 종향(從享)하고 중국 유현 94위는 매안(埋安)하였다. 또 지방 향교에서도 성균관과 같이 두 차례씩 석전을 올렸으며 현재도 성균관과 231개소(남한)의 향교에서는 매년 음력 2월과 8월 상정일(上丁日)에 석전을 봉행하고 있다.

석전의 의식절차는 홀기(笏記)에 의해 진행되며 『국조오례의(國朝五禮儀)』

의 규격을 그 원형으로 하고 있다. 제관(祭官)은 전일(前日)에 재계(齋戒)를 하는데, 산재(散齋) 2일, 치재(致齋) 1일을 행한다.

봉행절차는 초헌관(初獻官)이 폐백(幣帛)을 올리는 전폐례(奠幣禮)에 이어, 초헌관이 신위전(神位前)에 첫 술잔을 올리고 대축(大祝)이 축문을 읽는 초헌례, 두 번째 술잔을 올리는 의식인 아헌례(亞獻禮), 세 번째 술잔을 올리는 종헌례(終獻禮), 초헌관이 음복 위에서 음복잔을 마시고 수조(제향이 끝난 뒤 제관이 제사 지낸 고기를 분배받는 일)하는 의식인 음복수조례(飮福受胙禮), 대축이 변(대나무로 만든 과실을 담는 제기)과 두(굽이 높고 뚜껑이 있는 목제제기)를 거두는 의식인 철변두(撤籩豆), 초헌관이 망료 위에서 축문과 폐백을 태우는 것을 보는 의식인 망료례(望燎禮) 등으로 진행된다.

음악은 세종 때 고제(古制)에 가깝도록 정비된 아악(雅樂)을 계승하고 있다. 절차에 따른 악곡과 일무(佾舞)를 보면 영신(迎神)에서는 헌가(軒架)에서 응안지악(凝安之樂)을 연주하며, 일무는 열문지무(列文之舞) 즉, 문무(文舞)를 춘다. 전폐에서는 등가(登架)에서 남려궁의 명안지악(明安之樂)을 연주하고 열문지무를 춘다.

초헌에서는 문무가 물러나고 무무(武舞)가 나올 때 헌가에서 고선궁의 서안지악(舒安之樂)을 연주하며, 아헌과 종헌에서는 헌가에 고선궁의 성안지악(成安之樂)을 연주하고 소무지무(昭舞之舞)를 춘다.

음복에서는 아헌·종헌과 같고 일무가 없으며, 철변두에서는 등가에서 남려궁의 오안지악(娛安之樂)을 연주하며 일무는 없다. 망료에서는 음악도 연주하지 않고 일무도 추지 않는다.

악기는 팔음(八音) 즉, 금(金, 편종·특종), 석(石, 편경·특경), 사(絲, 금·슬), 죽(竹, 지·적·약·소), 포(匏, 축·어·박), 토(土, 훈·부), 혁(革, 절고·

진고 · 노고 · 노도), 목(木, 축 · 어 · 박) 등 여덟 가지 재료로 만든 아악기로 연주된다.

따라서 아악을 연주하는 문묘제례(文廟祭禮)에서도 주악을 담당하는 당상의 등가와 당하의 헌가의 편성이 아악기만으로 이루어지나 이 두 악대의 규모와 편성에 포함된 악기의 종류는 시대별로 차이가 있다.

석전 복식에는 금관제복과 유건도포(儒巾道袍)가 있다. 금관제복은 금관 · 홀(笏) · 수(繡) · 중단(中單) · 상(裳) · 패(佩) · 방심곡령(方心曲領) · 흑각대(黑角帶) · 말(襪, 버선) · 이(履, 신) · 폐슬(蔽膝, 무릎 가리개) · 대대(大帶, 큰 띠) · 의(衣, 겉에 입는 옷) 등이다. 유건도포는 유건 · 도포 · 목화(木靴, 목이 긴 신발) · 사대(紗帶, 도포끈) · 행전(行纏) 등이다.

석전대제는 정숙하고 장엄한 분위기 속에 제례악이 연주되고 일무가 추어지는 종합예술적 성격을 갖추고 있다.

보유자는 권오흥(權五興)이 있다.

20. 선소리산타령(선소리山打令)

선소리는 서울·경기지역과 서도(西道)지방의 잡가(雜歌) 중 서서 부른다고 하여 붙여진 이름으로 입창(立唱)이라고도 하며, 또 가사(歌詞)가 산천 경치를 그리는 노래라는 뜻으로 산타령이라 한다. 선소리의 대표적인 곡목으로 잡가의 하나다.

7·8명이 일렬로 늘어서서 장구를 멘 사람이 앞소리를 메기면 소고(小鼓)를 든 나머지 사람들이 뒷소리를 받아주는 선소리 형식으로 정해진 여러 곡을 접속으로 부른다.

선소리타령은 본래 사당패 소리로, 각 지방으로 분산되어서 그 지방에 맞는 형식과 특징을 가지고 전해지고 있다. 즉 서울·경기도를 중심으로 발달한 '경기 선소리산타령', 평안도·황해도를 중심으로 발달한 '서도 선소리산타령', 또 전라·경상도를 중심으로 발달한 '남도 선소리산타령'으로 분류되고 있다. 형식과 구성은 지방마다 다르나 대개 먼저 몇 곡으로 구성된 각 선소리산타령을 부르고 끝에 짧은 장절(章節)형식의 민요를 덧붙인다.

경기 선소리산타령은 한강·서강·마포·노량진·용산 등 5강의 소리꾼들에 의해 불리었다. 이 소리꾼들은 5강의 저자를 찾았던 사당패 소리꾼의 영향을 받았던 것으로 보인다.

서울 선소리는 200여 년 전에 의택이와 종대가 선소리를 잘 했고 그 뒤 신낙택(申洛澤)이 선소리 명창이었으며, 조선 말에는 서울 근교에 많은 선소리꾼들이 났다. 가장 많이 불렀던 시기는 음력 정월 대보름날로, 이날은 다리밟기를 하면 다리 병이 없어진다는 속설에 따라 남녀노소가 모여 답교(踏橋)놀이를 할 때 산타령을 소리꾼들이 불렀던 것이다.

당시 서울과 근교의 뛰어난 선소리패로는 뚝섬패가 으뜸이고 왕십리패, 진고개패, 호조(戶曹)다리패, 삼개(마포)패도 뛰어났다. 뚝섬패에서는 이태문(李泰文)이 소리를 잘 하였고, 왕십리패에서는 이명길(李命吉)이, 호조다리패(현재 명동·충무로 일대)에서는 월선(月仙)이, 과천(果川) 방아다리패에서는 소완준(蘇完俊)이, 그 밖에 다른 패에서는 이명산(李命山), 김태운(金泰運), 김태봉(金泰鳳)이 뛰어났으며, 소완준의 제자가 정득만(鄭得晚)이다. 이명길의 제자 이창배(李昌培)와 김태봉의 제자 김순태(金順泰)도 기능보유자로 인정받았으나 작고하였다.

서울·경기 선소리를 부르는 차례는 먼저 판소리라 하여 소리꾼이 모두 발림하며 소고로 한바탕 합주하고 나서 놀량으로 합창한다. 모갑(某甲)이는 장구를 치고 소리를 메기고 소리꾼들은 소고를 치고 발림하며 소리를 받는다. 놀량은 일정한 형식과 장단이 없고 통절(通節) 형식이며 선율은 경토리로 되어 있고 높은 소리를 내어 매우 씩씩하게 들린다. 사설은 산천경개(山川景槪) 구경 가는 내용이다.

다음 앞산타령으로 넘어간다. 앞산타령은 서울 근처에 있는 산을 주제로 하고 유절(有節) 형식이며 선율은 역시 경토리로 되어 있고 불규칙 장단으로 되어 있으며 놀량보다 좀 빠르다.

뒷산타령은 앞산타령 뒤에 부르는 산타령으로 '중거리'라고도 불리며 유절형식에 리듬과 음역(音域)은 앞산타령과 비슷하다.

자진산타령은 빠른 산타령이란 뜻으로, 일명 '도라지타령'으로도 불리며 처음은 느리게 부르다가 빠르고 경쾌한 4박자 장단으로 바뀐다. 뒷산타령의 파생곡으로 음악적 특징도 같다. 자진산타령 다음에는 청개구리타령·방아타령 등 짧은 장절 형식으로 된 민요를 덧붙여 부르기도 한다.

보유자인 황용주(黃龍周) 외에 최창남(崔昌南), 박태여(朴泰汝), 윤종평(尹鍾平) 등 조교가 있다.

21. 송파다리밟기(松坡踏橋)

다리밟기(踏橋)는 다리를 밟아 액(厄)을 물리치고 복(福)을 불러들이는 풍속이다. 매년 음력 정월 보름을 전후해서 야간에 다리를 밟았는데 조선 말기에는 전국적으로 행해지다시피 했으며, 상·하층 계급의 구별 없이 위로는 재상(宰相)에서부터 아래로는 서민층에 이르기까지 모두 나와서 행렬의 장사진을 이루었다고 한다.

『열양세시기(洌陽歲時記)』에 의하면 보름날 저녁에 열두 다리를 건너면 열두 달 동안 액을 막는 것이라 하여, 가마도 타고 말도 타고 지팡이도 짚고 나막신도 신고 하여 거리를 메우며 다녔다. 이 유람은 정월 보름과 4월 초파일에 가장 성했으며, 이 두 밤에는 야간 통행금지를 해제한다고 하였다. 최남선(崔南善)의 『조선상식문답(朝鮮常識問答)』에서는 양반은 14일에 미리 행하고, 일반 남자는 15일에, 여자는 16일에 행하였다고 한다. 이 다리밟기는 광교·수표교·염천교·마포·아현·노들(노량진)·살곶이다리(箭串橋)·뚝섬·성내·바람들이(風納)·몽촌·송파·돌마리(石村) 등 여러 곳에서 행해졌다.

지역마다 답교놀이패가 조직되어 있었는데 무동(舞童)·선소리꾼·악사(樂士)·놀이꾼과 생소(笙蕭)·북까지 어울려 호화스러운 장관을 이루었다고 한다. 이 놀이는 1925년까지 성행하였으나 그해 여름 대홍수로 송파에 큰 수해를 입게 된 뒤부터 중단되었다가 1969년에 이충선(李忠善)·허호영(許浩永) 등이 주축이 되어 재현한 바 있다. 그 뒤 1985년에 이충선·한유성(韓有星) 등 보유자들이 송파 다리밟기를 복원하여 석촌동 놀이마당에서 시연하였다.

노는 형태나 격식은 크게 둥근 형태로 2열 종렬과 1열 횡렬로 벌려 서기도 하고 상좌는 2열 종렬로 무동(소무)을 어르고 춤추다가 두 손을 무동 어깨 위에 얹고 춤추며 위치를 교대한다.

악기는 호적 1쌍, 장고 1, 제금 1, 소고 3, 나각(소라) 1쌍, 징 1, 북 1이다.

춤은 굿거리타령 · 자진타령이 쓰이며, 굿거리춤에는 호적이 능계타령를 불고 타령춤에는 허튼타령을 불고, 자진타령에는 자진허튼타령을 분다. 길놀이에는 굿거리장단을 하고 호적은 능계타령을 분다.

굿거리장단은 3분박 느린 4박자(8분의 12박자)이며, 타령장단은 3분박 보통 빠른 4박자이며 자진타령은 3분박 조금 빠른 4박자이며 호적의 선율은 경기민요 토리로 되어 있다.

보름달이 뜬 다리 위에서 남녀가 노는 다리밟기는 생산과 풍요의 의미가 깃든 것으로, 남국의 답가(踏歌)나 일본의 우다가끼(歌垣)와 그 기원을 같이하는 것으로 보인다. 다리밟기는 우리 민족의 축원의례적(祝願儀禮的) 감정이 깃들어 있는 민속이라 할 수 있으며, 특히 뛰어난 가무(歌舞)가 달린 것이 특이하다.

보유자는 김일록(金日祿)이 있다.

송파 다리밟기 배역과 의상 · 소품

배역	인원수	의상 · 소품
가수	3	검정 등거리, 벙거지, 용두기, 영기
등롱	6	검정 등거리, 벙거지 등
집사	2	집사복, 전립, 육모방망이
별감	2	별감복, 부채
상좌무동	1	반장삼, 적띠
소무무동	4	적치마, 노랑 저고리, 남전복, 댕기머리, 조바우
악사	8	옥색 도포, 갓, 술띠

선소리	6	소고, 청색 마고자
양반	1	옥색 도포, 정자관, 부채, 술띠
노장	1	송낙, 염주, 부채
왜장녀	1	트레머리, 소고
밑무동	5	자주색 조끼
소무	4	적색 치마, 노랑 저고리, 남전복, 고깔
상좌	1	반장삼, 백한삼
나쟁이	2	깔때모, 횃대

22. 송파산대놀이(松坡山臺놀이)

송파산대놀이는 송파지역에서 전승되던 탈놀이로, 놀이꾼들이 탈을 쓰고 재담·춤·노래·연기를 하며 벌이는 연극적인 놀음이다.

송파는 한강변의 5강(송파·한강·서빙고·용산·마포)의 하나로 송파진(松坡津)으로 불리던 곳이다. 조선왕조 후기에는 우리나라에서 가장 큰 향시(鄕市) 15곳 중 하나인 송파장을 이루어 송파산대놀이의 경제적 요건이 갖추어져 있었다.

연희자의 한 사람인 허호영(許浩永)의 말에 의하면 약 200년 전부터 송파산대놀이가 창설되었으나 중도에 쇠진되었던 것을 1900년부터 송파에 거주하는 허윤(許鈗, 1867~1935)에 의해 구파발 본산대 연희자 윤희중(尹熙重, 1840~1923)을 초빙하여 재건하고, 그 뒤 연중행사로 정월 보름·단오·백중·추석에 놀았는데 7월 백중에는 크게 놀았다고 한다. 1924년에는 큰 규모의 산대놀이 모임을 송파에서 열었는데 이때 구파발·아현·퇴계원·의정부·노량진 등지에서 20여 명의 이름있는 연희자들이 모였다고 한다. 이듬해 한강 대홍수로 송파마을이 유실되자 주민들은 가락동과 돌말이(石村)에 정착하면서 산대놀이의 명맥을 이어오다가 현재 문화재로 지정되어 보존되고 있으며, 서울놀이마당 전수회관에서 전수되고 있다.

송파산대놀이도 양주별산대놀이와 같이 그 주제를 보아서도 산대도감극(山臺都監劇) 계통의 중부형(中部型)의 한 분파이다.

공연에 앞서 가면과 의상을 갖추고 길군악을 울리면서 마을을 돌아 공연장소까지 행렬하는 거리굿 또는 길놀이가 있다. 행렬의 순서는 붉은 바탕에 '山

臺都監(산대도감)’이라 쓴 기가 앞서며 다음 악사들이 서고 쌍호적·꽹과리·징·장고의 순으로 선다. 놀이를 준비한 모갑(某甲)이 가면을 쓰지 않고 서고, 다음에 첫상좌·둘째상좌·연잎·눈끔적이·옴중·팔먹중들·샌님·신할아비·완보·취발이·포도부장의 순으로 뒤따르고, 그 뒤에는 기타 여러 사람이 탈을 쓰고 서며 맨 뒤에 여역(女役) 탈들이 선다. 여기에 노장이 끼어 양쪽 소무를 거느리고 행진한다.

노는 순서는 7마당(科場) 9거리(景)(또는 12마당)로 내용은 다음과 같다.

제1 상좌춤마당(양주의 경우와 비슷함)

제2 옴중마당

제3 연잎·눈끔적이마당

제4 팔먹중마당, 첫째 거리 북놀이, 둘째 거리 곤장놀이(북놀이), 셋째 거리 침놀이

제5 노장마당, 첫째 거리 파계승놀이, 둘째 거리 신장수놀이, 셋째 거리 취발이놀이

제6 샌님마당, 첫째 거리 의막사령(依幕使令)놀이(말뚝놀이), 둘째 거리 샌님·미얄 할미놀이, 셋째 거리 샌님·포도부장(捕盜部長)놀이

제7 신할아비·신할미마당이다.

이 놀이의 기본적인 춤사위는 화장무·여다지·멍석말이·곱사위·깨끼리·돌단이·건더덩 등 7가지가 있으며 양주별산대놀이에는 없어진 당녀(唐女)춤이 있다. 또 몸짓(mime)에 가까운 것으로는 팔뚝잡이·무릎치기·까치걸음·갈지(之)자 걸음 등이 있다.

장단은 염불(念佛)·타령(打令)·굿거리가 있다. 염불에는 6박자의 느린 염불과 잦은 염불인 도도리장단이 있고, 타령에도 역시 늦은 타령과 잦은 타령이 있는데 잦은 염불인 잦은 타령과 깨끼리춤의 경우 박자는 같은데 반주가 바뀌는 잦은 타령이 있다.

반주 악기로는 장고·피리·해금·대금·북·제금(굿에서) 등이 있다.

탈의 수는 32개(원숭이 포함 33개)이고 제작방법은 다른 산대탈과 같으며 모두 바가지탈이다.

양주산대놀이에서는 찾아볼 수 없는 초라니·당녀·해산어멈·신할멈·무당탈 등이 남아 있고 놀이마당에서 이들 탈들이 맞는 역이 따로 있는 점 등으로 보아 양주산대놀이에 비하여 옛 형태를 지닌 것이 특징이라 할 수 있다.

보유자 김학석(金學鉐) 외에 전수교육조교로 송파산대놀이전수회 대표를 맡은 안병인(安炳仁) 등 6인이 있다.

23. 승무(僧舞)

승무는 승려들이 추는 속칭 '중춤'이라 하지만, 불교의식에서 승려가 추는 춤이 아니고 흰 장삼에 붉은 가사를 어깨에 메고 흰 고깔을 쓰고 추는 민속춤이다.

춤의 구성은 체계적일 뿐 아니라 춤사위가 다양하고 춤의 기법 또한 독특하다. 6박자인 염불·도드리와 4박자인 타령·굿거리장단에 맞추어 춤을 춘다. 또 장단의 변화는 7차례나 있어 춤사위가 각각 다르게 구분, 정립되지만 무리 없이 조화를 이룬다.

재(齋)와 같은 큰 불교의식에는 승려들이 법고(法鼓)춤·바라춤·나비춤(着服) 등을 추는데 이러한 불교의식 무용을 작법(作法) 또는 법무(法舞)라 하며, 승무(僧舞)라 하지 않는다. 현행 작법은 승무와는 춤이 다르다.

승무는 1900년대 초 협률사(協律社)에서 연희되기 시작하여 광무대(光武臺)·단성사(團成社)를 거쳐 1908년 원각사(圓覺社)에서 한성준(韓成俊)이 이 춤을 지도했다고 한다. 그 뒤 1934년 한성준이 조선음악무용연구소를 개소하고 무용 지도를 본격화하면서 정리했으며, 1936년 한성준의 제1회 무용발표회를 계기로 이 춤이 예술 무용으로 승화된 것이다.

한성준의 직계 후손인 한영숙(韓英淑)이 이 춤을 계승하였으며, 그녀가 작고한 뒤 이애주(李愛珠) 등으로 이어졌다. 한때 불교의 존엄성과 위신을 해하는 것이라 하여 승무 폐지론이 나오기도 했다.

승무의 기원에 대해서는 여러 설이 있다. 민속무용 유래설로는 황진이(黃眞伊)가 지족선사(知足禪師)를 유혹하기 위하여 장삼·고깔·붉은 가사를 매고

요염한 사태로 춤을 추었다는 황진이초연설(黃眞伊初演說), 상좌중이 평소 스승이 하던 기거범절(起居凡節)이나 독경설법(讀經說法)의 모습을 희롱조로 흉내 내면서 춘 것이 승무라는 동자기무설(童子技舞說)이 있다. 또 육관대사 (六觀大師)의 제자 성진(性眞)이 탁발수도(托鉢修道)에 나섰다가 8선녀를 만나 미색에 현혹되어 번민하다가 불도의 참을 깨달아 해탈의 과정을 무용화한 것이라는 구운몽 인용설(九雲夢引用說), 파계로 환속했다가 양심의 가책으로 번민하는 모습을 무용화했다는 파계승번뇌표현설(破戒僧煩惱表現說), 산대가 면극(山臺假面劇) 중 노장춤이 승무의 원초적 기원이라는 노장춤 유래설(老長舞由來說) 등 이 있다.

불교의식 무용설로는 세존(世尊)이 영취산에서 설법할 때 가섭이 그 뜻을 알고 춤을 추었다는 교리적 측면 에서의 유래설과 악신(樂神) 건달바(乾達婆)가 영산회상 (靈山會相)의 장엄한 광경을 춤으로 묘사했다는 설, 위 (魏)의 조자건(曹子建)이 천태산에 올랐다가 범천(梵 天)에서 들려오는 소리에 고기떼가 춤추는 모습을 보고 춤으로 옮긴 것이라는 등의 불교 문화사적 기원설 까지 나오고 있다. 또 탁발승이 포교과정에서 군중을 모으기 위해 법무를 속화시켜 항간에 번지게 되었다는 불교 무용 유래설도 있어 그런대로 설득력이 있어 보이나 추측단계 를 벗어나지 못한 것 같다.

다만 법고와 당악(서울 굿에서 쓰이는 것) 가락이 삽입된 것에서 불교의식 무용에 비중을 두는 것 같으나, 춤의 내용이나 춤사위가 불교적인 것은 찾아보기 힘들다.

승무의 반주 악기는 장고·피리·저·해금·북이며, 반주 악곡은 염불·빠른 염불·허튼타령·빠른 타령·느린 굿거리·빠른 굿거리·당악이며, 염불·타령·굿거리·북치는 가락(자진모리·휘모리) 등으로 전체적인 흐름이 조화를 이룬다.

춤사위는 장단의 변화에 따라 7마당으로 구성되는 춤을 추는데, 신음하고 번민하듯 초장의 춤사위에서부터 범속(凡俗)을 벗어나 열반의 경지에 들어가는 듯한 말미의 춤사위에 이르기까지 뿌리고 제치고 엎는 장삼의 사위가 신비로움 속에 조화의 극치를 이루고 있다.

이 춤에서 장삼을 허공에 뿌리는 것은 인간의 원대한 희망에 대한 욕망을 갈구하는 내용의 표현으로 보이며, 하얀 버선코 끝으로 표출되는 허리와 다리의 가냘픈 모습, 치마 끝에서 보일 듯 말 듯한 버선코의 율동은 승무가 아니면 볼 수 없는 춤사위를 실감하게 하는 고차원적인 예술성과 심미성이 풍부한 춤이다.

24. 연날리기

연날리기는 가는 대쪽을 세로 또는 엇 맞추어 그 위에 종이를 붙여 만든 연을 실로 벌잇줄을 매어서 공중에 띄어 올리며 노는 것을 말하며, 주로 어린이들의 놀이이다. 연이란 솔개(鳶)에서 음을 따서 붙인 것이다.

연은 기원전 400년대에 그리스의 알타스(Altas)가 처음 만들었다고도 하며, 중국 송(宋)나라 때 고승(高承)의 『사물기원(事物起源)』에는 기원전 200년경 한신(韓信)이 군사적 목적에서 연을 만들었다는 기록도 있다.

우리나라에서는 『삼국사기』「김유신(金庾信)전」에 전쟁의 수단으로 연을 이용한 것으로 되어 있다. 또 『동국세시기』에는 서울의 수표교와 광교에서 연날리기가 성행하였으며 연줄을 서로 끊으려는 연싸움도 하였음을 소개하고 있다.

연에 대한 기록은 『동국세시기』를 비롯해서 『경도잡지(京都雜誌)』『지봉유설(芝峰類說)』을 비롯한 여러 문헌에 나타나 있다. 정월 보름을 전후하여 액막이 연이라 하여 연 위에 '送厄迎福(송액영복)'이라는 축문을 쓰고 연날리는 사람의 생년월일을 써서 날려 보내면 1년 동안 나쁜 운수가 일소된다고 하여 날려 보내기도 하였다.

우리나라 연은 대체로 4각 장방형 중앙에 방구멍이 뚫려 있는 방패연인데 연면(鳶面)에 붙이는 색지(色紙)와 칠하는 빛깔에 따라서 구별하므로 다양하다. 또 연의 모양에 따라 구별하기도 한다. 연의 종류는 꼭지연을 비롯해서 반달연·치마연·동이연·초연·박이연·발연·나비연·가오리연·바둑연·거북선연·봉황연·중머리연·문자연·관(冠)연·띠연·편자연·상주연 · 액막이연 · 호랑연 · 까치날개연 등 여러 종류가 있다.

연의 제작에서 기본적인 재료는 대(竹)와 종이이다. 대는 보통 고황죽(枯篁竹) · 백간죽(白簡竹) · 식대를 사용하며, 종이는 창호지 · 백지 · 삼첩지(三疊紙)를 사용한다.

연을 만들 때는 먼저 연의 바탕이 될 종이를 접어서 크기를 정하는데 크기는 날리는 사람의 연령이나 지역에 따라 차이가 있다. 중간치 연의 경우 길이 22인치, 너비 18인치를 오린다. 길이의 한끝을 1인치쯤 접어 머리를 삼는다.

그 종이 한가운데에 둥근 구멍을 내고 그 구멍을 중심으로 대를 가늘고 길게 깎아 다듬어서 종이를 붙인다. 먼저 가로로 머리 접은 사이에

붙이고 다음 세로 한가운데를 내려 붙인다. 또 가로 한가운데 허리를 붙이고 나중에 좌우 머리를 교차하여 귀를 걸어 붙인다.

맨 나중에 종이를 오려서 꼭지와 양쪽 발을 붙인 뒤 벌이줄을 잡는다. 꼭지는 대개 방구멍을 베어낸 종이를 가지고 먹칠이나 색칠을 하여 사용한다. 이는 꼭지연이나 반달연을 만들 경우에 사용하며 최근에는 색지를 사용하기도 한다. 연의 양쪽 갈개발은 본래 붙이지만 안 붙이기도 한다.

연줄은 상백사·당백사·떡줄 그리고 세철사줄 등 여러 가지를 사용한다. 연줄을 질기게 하기 위해서는 명주실·무명실에다 부레뜸 혹은 풀뜸을 한다. 부레나 풀 끓인 물에 사기 가루나 유리 가루를 타서 올리는 것을 개미(가미·깡치)라고 한다. 이를 '개미 먹인다'고 한다. 이 개미에도 사기 가루를 타서 먹이는 개미를 사기개미, 유리 가루를 타서 먹인 개미를 유리개미라 한다. 남의 연줄을 끊는 데는 사기개미보다 유리개미가 유리하다.

연을 조종하는 얼레는 지방에 따라 자세·감개라고도 한다. 이것은 나무오리로 네 기둥을 맞추고 가운데에 자루를 박아 실을 감아 연을 날리는 데 쓰는 도구를 말한다. 전에는 잣나무·소나무 등으로 많이 만들었으나 근래에는 나왕목으로도 만든다.

이 얼레에는 두모얼레·네모얼레·육모얼레·팔모얼레가 있으며, 어린이는 두모얼레를, 어른들은 네모얼레를 주로 사용한다. 네모 반듯한 얼레에 감긴 연실이 빳빳하지 못하므로 네모보다는 육모나 팔모를 사용하는데, 감고 푸는 데에도 네모보다는 쓰기에 편리하다.

보유자로는 노유상(盧裕相)이 있다.

25. 영산재(靈山齋)

영산재란 불교의 영혼 천도를 위한 의식 중 하나로 일명 영산작법(靈山作法)이라고도 부르며 49재의 한 형태이다. 49재는 사람이 죽은 지 49일 만에 영혼을 천도하는 의식인데, 이 의식에는 상주권공재(常住勸供齋)·각배재(各拜齋)·영산재 등이 있다. 이 세 의식이 영혼을 천도한다는 신앙적인 목적은 같지만 이 중 가장 규모가 큰 재의식이 영산재이다.

영산재는 석가가 영취산에서 설법하던 영산회상(靈山會相)을 상징화한 의식 절차로서, 이 법회를 통해서 영혼을 귀의하게 하여 극락왕생하게 한다는 의미를 갖는다. 영산재는 국가의 태평과 군인의 무운장구, 또는 죽은 자의 명복을 위해서도 행한다. 범패승(梵唄僧)들은 먼저 상주권공을 배우고, 마지막에 영산재를 배운다. 예부터 1일 권공, 3일 영산이라 했듯이 영산재는 3일이나 걸리는 대규모의 재인 만큼 곡목 수도 많다.

영산재의 전체 구성절차를 보면 시연(侍輦)·대령(對靈)·관욕(灌慾)·신중작법(神衆作法)·괘불이운(掛佛移運)·상단권공(上壇勸供)(1)·상단권공(2)·식당작법(食堂作法)·상용영반(常用靈飯)으로 진행된다.

이 절차에서 영산재의 특징을 보여주는 것은 괘불이운부터 상단권공(2)까지 할 수 있으며, 이 부분의 의례를 영산작법(靈山作法)이라 한다. 이어 식당작법과 상용영반은 상단권고의 성격에 따른 영혼발사의례(靈魂發祠儀禮)라 할 수 있다. 진행과정은 시연·대령·관욕·신중작법을 선행의례로 행하고 본격적인 영산작법의례를 행하는데 절차는 다음과 같다.

(1) 괘불이운 : 괘불은 영산회상의 설법 광경을 담은 불화로서 의식도량에 옮기는 의식으로 영산회상·법회 도량으로 상징화하기 위한 의식이다. 이운이 끝나면 출산게(出山偈)·염화게(拈花偈)·산화락(散花落)·등산게(登山偈)·사무량게(四無量偈)·영산지심(靈山志心)·헌좌게(獻座偈)·다게(茶偈)·축원(祝願) 등 불보살에게 귀의정례하고 소망을 아뢰며 성취를 기원한다.

이 의식에는 괘불 앞 한가운데 불단, 곧 상단(上壇)이 마련되는데 여기에는 향(香)·다(茶)·화(花)·과(果)·등(燈)·미(米) 등 육법공양(六法供養)이 마련되며, 왼쪽에는 중단, 오른쪽에는 하단이 마련된다. 중단은 의식도량을 옹호할 신중단(神衆壇)이고, 하단은 영혼에게 제사드릴 영단(靈壇)이다. 중단은 상단과 같은 제물이며, 하단은 고기·주류 등을 제외한 일반 제물이다.

의식 진행에서 법악기(法樂器) 담당 인원은 태징 1인, 요령 1인, 바라 1인, 삼현육각 6인, 범종 1인, 호적 2인, 나비춤 2인 혹은 4인이다.

의식의 진행은 법의(法衣)를 입은 의식승이 앞자리에 정좌함으로써 시작된다.

(2) 상단권공 의식 : 헌공(獻供)의 대상이 확대되고 의식도량을 장엄하게 한다. 따라서 규모가 커지고 제의절차도 다양하게 전개된다.

(3) 식당 작법 : 이 의식은 불교식 식사 예법이라 할 수 있다. 즉 대종(大鐘)을 쳐서 명부중(冥府衆)을, 목어(木魚)를 쳐서 수부중(水府衆)을, 운판(雲板)을 쳐서 공계중(空界衆)을, 법고(法鼓)를 쳐서 세간중(世間衆)을 모두 청하고 오관게(五觀偈)를 청하여 식사를 하게 한다.

타주승(打柱僧)이 팔정도(八正道)를 관(觀)하는 예식을 행하고 다시 불보살에게 예경(禮敬)하고 정식게(淨食偈)·삼시게(三匙偈)를 창하여 올바른 식사가 되도록 발원한다.

(4) 상용영반 : 식당작법이 끝나면 해당 영가(靈駕)로 하여금 제물을 받게 하는 제사의식을 행한다. 절차는 부처님을 청하는 절차인 거불(擧佛), 불보살 강림의 신비성을 나타내기 위하여 진언하는 보소청진언(普召請眞言), 향을 피워 올리는 향연청(香煙請), 불보살을 찬탄하여 부르는 게송인 가영(歌詠), 그리고 수위안좌(受位安座) 등으로 진행된다.

상용영반이 끝나면 모든 대중이 참여하는 회향의식(廻向儀式)이 행해지고, 이어 청했던 대상을 돌려보내는 봉송의례(奉送儀禮)를 행함으로써 영산재는 끝난다.

보유자인 이재호(李在浩) 외 전수교육조교로 김인식(金仁植) 등 4인이 있다.

26. 장안편사놀이(長安便射놀이)

장안편사놀이란 조선시대 서울에서 행한 활쏘기를 행하는 무술경기이다.

도성 문안이 한편이 되고, 모화관·홍제원·창의문 밖·남문 밖·애오개 등이 한편이 되며, 양화도·서강·삼개·한강·뚝섬·왕십리·동소문 밖 손가장(孫家庄) 등이 한편이 되어, 이 세 편이 쏘던 놀이이다.

조선시대에는 이 장안편사 외에도 터편사(射亭便射, 사정끼리 기예 비교), 골편사(洞便射, 일종의 지역대항전), 사랑편사(舍廊便射, 사랑끼리 교유하는 무사들이 사원을 편성하여 경기하는 것), 한량편사(閑良便射, 한량끼리 편성하여 경기하는 것) 등이 있었고, 이 밖에도 한출편사(閑出便射)·삼동편사(三同便射)·남북촌편사(南北村便射)·아동편사(兒童便射) 등이 있었으며, 각각 갑·을·병 3등급으로 나누어 경기하였다.

갑오경장(1894)에 따라 옛 사풍(射風)이 일소되었다가 1899년에 황학정(黃鶴亭)이 설립되면서 다시 왕성해졌다. 그러나 일제강점으로 위축되는 경향이 있었으나, 1922년 황학정이 중심이 되어 조선궁도연구회(朝鮮弓道研究會)가 발족됨에 따라 활기를 찾게 되었다.

1945년까지 서울에는 40여 개의 활터가 있었는데, 그중 백호정(白虎亭)·석호정(石虎亭)·풍벽정(楓碧亭)·노지사정(盧知事亭) 등이 유명하였다. 활터에는 활을 쏘았을 때 화살이 밖으로 나가지 않도록 과녁 뒤에 토성(土城)을 설치하였다.

편사(便射)는 양편이 각기 일정한 수의 선수를 선정하고 매 선수가 세 순에서 다섯 순씩 쏘아 맞힌 화살의 총수를 합해서 승부를 짓는다. 활 쏘는 사람들에게는 지켜야 할 9훈이 있는데, 그것은 사랑덕행·성실겸손·자중절조·예의엄수·

염직가감 · 습자무언 · 정심정기 · 불언승자 · 망망파골 등이다.

이 편사놀이는 으레 풍악과 기생이 있어 응사하는 한량 뒤에 두세 사람씩 나란히 서서 병창을 하여 응사원들의 흥취를 돋운다.

쏜 화살이 적중하면 획창(獲唱)이 큰 목소리로 외치고, 또 획관(獲官)이 나직이 '변(邊)'이라고 하면 이때 기생들은 그 응사원의 이름을 부르지 않고 그 성과 직함을 부르게 된다. 그리고 획창 · 획관은 변이라 하여도 기생들은 변이라 하지 않고 '관중(貫中)'이라 한다. 가령 첫 번째 살이면 '아무 서방님 일시에 관중이요' 한다. 이와 같이 변에 맞아도 관중이라 함은 옛날 궁중에서 왕이나 정승이 쏠 때 이를 존대하던 데서 비롯된 것이라 한다.

화살이 과녁에 '중' '부중'이라 하는 데 대하여 몇 가지 규칙이 있다. 예를 들면, 쏜 화살이 과녁의 위턱을 스치고 지나가 떨어지는 것은 맞지 않는 것으로 한다. 화살이 과녁 변을 맞고 과녁 나뭇조각은 떼었어도 살이 과녁에 꽂히지 않으면 안 맞은 것으로 한다. 화살이 과녁에 못 미쳐 땅에 떨어졌다 튀어서 맞는 것은 맞은 것으로 하나, 맞는 소리만 내고 활촉이 과녁에 박히지 않은 것이면 안 맞은 것으로 한다. 쏜 화살이 과녁 아래 끝에 맞고 우죽만 땅에 떨어지고 활촉이 과녁에 박힌 것은 맞은 것으로 한다. 이상과 같은 판정이 있어 경기를 슬기롭게 진행하였다.

보유자는 김경원(金慶原)이 있다.

27. 종묘제례(宗廟祭禮)

종묘제례는 조선시대 역대 군왕과 왕비의 신위(神位)를 모신 종묘에 나라에서 지내던 제사이다.

이 제향(祭享)은 춘하추동 4계절과 12월 납일(臘日)에 봉행하였다. 그러나 융희(隆熙) 2년(1908)에 공포된 칙령 '향사이정령(享祀釐正令)'에 의하여 납향제(臘享祭)는 폐지되고 4계절의 첫 달, 즉 춘정월·하사월·추칠월·동시월 상순에 택일하여 봉행하고, 배향공신제(配享功臣祭)는 동향일(冬享日)에 한하여 행하였으며, 영녕전(永寧殿)은 춘추 두 번 종묘 제사와 더불어 향사하였다.

일제강점기에는 이왕직(李王職) 주관으로 향화(香火)만 올렸고, 광복 뒤에도 혼란·전쟁 등으로 향화마저 못하다가 1969년에 전주이씨대동종약원이 주관하여 제향을 행하기 시작했다. 1975년 종약원은 종묘대제봉향위원회를 구성하였으며, 정부에서도 지원하여 매년 5월 첫째 일요일에 전통제례의식으로 대제를 봉행하고 있다.

종묘에는 태조에서 순종에 이르기까지 19실(室)의 신위를 봉안하고 있으며 별전(別殿)인 영녕전에는 16실의 신위를 봉안하고 있다. 서편을 위로 하여 제1실이 있고 제19실이 동편 끝에 있으며, 영녕전도 같으나 전내(殿內) 중앙에 정중실(正中室)을 삼아 목조·익조 등 태조 위의 4대 신위가 있다.

제향은 왕이 직접 행하는 친행(親行)과 대신으로 대행하게 하는 섭행(攝行)이 있다. 친행과 섭행은 제관의 명칭과 품계(品階) 또는 축문(祝文)만 다를 뿐이다. 절차는 홀기(笏記)의 창홀(唱笏)에 따라 진행된다. 제례 절차는 제관이 정해진 자리에서는 취위(就位)·영신(迎神)·신관례(晨祼禮, 降神禮)·진찬

(進饌) · 초헌(初獻) · 대축(大祝) · 아헌(亞獻) · 종헌(終獻) · 음복(飮福) · 철변두(撤籩豆) · 망료(望燎) 순으로 진행된다.

영신에는 보태평지악(保太平之樂)과 보태평지무(保太平之舞)를 9회 반복 연주하고 일무(佾舞)는 문무(文舞)를 춘다. 신관례 때 음악은 등가(登歌)에서 전폐(奠幣) 희문(熙文)을 반복 연주하고 일무는 문무를 춘다.

풍안지악(豊安之樂)도 연주한다. 초헌례에서는 보태평지악과 보태평지무를 올리고, 축문이 끝나고 초헌관이 원위치로 가면 악이 그치고 다시 보태평지무와 정대업지무(定大業之舞)를 올린다.

아헌례와 종헌례에서는 정대업지악(定大業之樂)과 정대업지무를 올린다. 음복례가 끝나면 옹안지악(雍安之樂)을 올린 다음 흥안지악(興安之樂)을 올린다.

제악(祭樂)은 세종 때 정한 종묘의 악에는 경안(景安) · 승안(承安) · 숙안(肅

安)・옹안(雍安)・수안(壽安)・서안(舒安) 등이 있고, 춤에는 열문(烈文)・소무(昭武) 등 아악(雅樂)이 있으며, 아헌부터 향악(鄕樂)을 번갈아 연주하였다. 세조 때에는 세종께서 회례악무(會禮樂舞)로 창제한 정대업・보태평을 약간 덜고 보태서 종묘의 악으로 제정, 오늘에 이르고 있다. 악기는 아쟁・당피리・축・편종・장고・젓대・방향(方響)・해금・태평소・대금・진고(晉鼓) 등이다.

제기(祭器)는 63기가 있으며, 제물(祭物)은 삼생(三牲), 이갱(二羹), 서직도량(黍稷稻粱), 이제(二齊), 삼주(三酒), 육과(六果), 육병(六餠), 이포(二脯), 사해(四醢), 사조율료(四俎率膋), 모혈(毛血) 등을 쓴다.

제복(祭服)은 왕은 구장면복(九章冕服), 즉 면류관(冕旒冠)에 구장복을 입었다. 면류관의 모(帽) 위에 장방형 판은 짙은 흑색, 안은 홍색이며, 앞뒤에 황・적・청・백・흑・홍・녹색의 주옥(珠玉)으로 구슬줄을 9류・12류씩 매달고 관 위에는 옥잠(玉簪)을 꽂았다. 구장복은 짙은 흑색이며, 안은 청색으로 된 대례복(大禮服)이다. 상의 양어깨에는 용을 수놓았고, 등에는 산이 그려져 있다.

현행 제례는 간략화되었다. 1년에 다섯 번 정기적으로 행해오던 종묘제례는 1945년 8.15광복이 되고 한때 단절되어 공백기도 있었으나, 근년에 전주이씨 대동종약원이 중심이 되어 1년에 한번씩 시제(時祭)를 봉행하고 있다.

28. 종묘제례악(宗廟祭禮樂)

종묘제례악은 조선왕조 역대 임금과 왕후의 신위(神位)를 모신 종묘에 제사 드릴 때 연주하는 기악·노래·무용의 총칭으로 '종묘악'이라고도 한다.

종묘제례의식에는 각 절차마다 보태평(保太平)과 정대업(定大業)이라는 음악을 중심으로 여러 음악을 연주한다. 동시에 종묘악장(宗廟樂章)이라는 노래를 부르며, 문덕(文德)을 찬양하는 문무(文舞)인 보태평지무(保太平之舞)와 무덕(武德)을 찬양하는 무무(武舞)인 정대업지무(定大業之武), 곧 일무(佾舞)를 춘다.

세종이 국초에 여러 곡을 지었으나 조종(祖宗)의 공덕이 성대함과 초창(初創)의 어려움을 나타내기엔 부족하다 하여, 세종 31년(1448)에 고취악(鼓吹樂)

과 향악(鄕樂)을 토대로 보태평·정대업·발상(發祥)·봉래의(鳳來儀) 등 새 음악을 창제하였다. 보태평은 11곡(曲·聲)이고 정대업은 15곡인데, 여기에 조종의 공덕을 기리는 악장(樂章)을 얹어 부르게 하고 아악기(雅樂器)·당악기(唐樂器)·향악기(鄕樂器)를 섞어 편성하여 연주하고 문무와 무무를 일무로 추도록 하여 연향(宴享)에서 공연하였다.

세조 9년(1463)에 보태평과 정대업을 개편하고, 세조 10년에 처음으로 종묘 제례에서 연주되었다. 이 제례악은 선조 때 임진왜란으로 음악이 약화되었으나 광해군 때 점차 복구되었다. 인조 4년(1626)에 보태평 중 정명장(定明章) 다음에 중광장(重光章)이 삽입되었으며, 1946년까지 제향에서 연주되었다. 그 뒤 멈추었다가 1971년부터 해마다 5월 첫 일요일에 행하는 종묘대제(宗廟大祭)에서 종묘제례악과 악장과 일무가 동시에 연행되고 있다.

종묘제례악은 조선 말기까지 장악원(掌樂院) 악사(樂士)들에 의하여 전승되었고, 일제강점기에는 구황궁아악부(舊皇宮雅樂部) 악사에 의하여 전승되었으며, 광복 후에는 국립국악원 악사들에 의하여 전승되고 있다. 보유자는 김종희(金鍾熙) 외 3인과 후보자로 최충웅(崔忠雄) 외 5인이 있다.

현재 보태평은 희문(熙文), 기명(基命), 귀인(歸仁), 형가(亨嘉), 집녕(輯寧), 융화(隆化), 현미(顯美), 용광정명(龍光貞明), 중광(重光), 대유(大猷), 역성(繹成) 등 11곡으로 구성되었다. 정대업은 소무(昭武), 독경(篤慶), 탁정(濯征), 선위(宣威), 신정(神定), 분웅(奮雄), 순응(順應), 총유(寵綏), 정세(靖世), 혁정(赫整), 영관(永觀) 등 11곡으로 구성되었다. 보태평은 황종궁평조(黃鍾宮平調)로 되어 있고, 정대업은 황종궁계면조(黃鍾宮界面調)로 되어 있다.

악기는 박(拍), 편종(編鐘), 편경(編磬), 방향(方響), 피리, 대금(大琴), 축(柷), 어(敔), 해금(奚琴), 진고(晉鼓), 마조촉(摩照燭), 절고(節鼓), 아쟁(牙箏), 태평

소(太平簫), 대금(大金)으로 편성된다.

종묘제례의 영신례(迎神禮)와 전폐례(奠幣禮)에서 악사들은 희문이라는 보태평 제1곡을 아뢰고, 초헌례(初獻禮)에는 보태평을 아뢰며 도창(導唱)은 조종(祖宗)의 문덕을 기리는 악장을 노래하며 무원(舞員)들은 손에 약(籥)과 적(翟)을 갈라 쥐고 문무를 팔일무(八佾舞)로 춘다.

아헌례(亞獻禮)와 종헌례(終獻禮)에서 악사들은 정대업 전곡(全曲)을 아뢰고 도창은 조종의 무덕을 찬양하는 악장을 부르고 무원들은 앞 두 줄은 목검(나무칼)을 들고 중간 두 줄은 목창(나무창), 뒤로 두 줄은 활과 화살을 들고 무무를 팔일무로 춘다. 진찬(進饌)·철변두(撤籩豆)·송신례(送神禮)에는 아악곡(雅樂曲)을 아뢰고 악장과 일무는 없다.

종묘제례악은 장엄하고 웅대한 음악이며 500여 년 전부터 전승되던 고취악과 향악이 제례악(祭禮樂)으로 승화되어 전승되어온 귀한 음악이다.

29. 처용무(處容舞)

처용무는 다섯 사람이 처용 가면을 쓰고 5방(五方)에 서서 추는 춤으로 신라 헌강왕(憲康王) 재위 때 발생된 것으로 추측하고 있다.

『삼국유사(三國遺事)』에는 헌강왕이 개운포(開雲浦)에서 만난 용왕(龍王)의 아들이 처용이며, 처용은 자기의 아내를 범한 역신(疫神)에 대해 처용가를 지어 불러 벽사(辟邪)의 기적을 가졌다고 한 것으로 보아 처용무는 신라 때부터 추어졌다고 할 수 있다.

『고려사』「충혜왕조」와 「신우조」에는 처용희(處容戲)의 기록이 있다. 성현(成俔)의 『용재총화(慵齋叢話)』에는 처용무가 원래 한 사람이 흑포(黑袍)를 입고 흑사모(黑沙帽)에 적색면(赤色面)을 쓰고 추었으나 세종 때에는 다섯 사람이 추는 오방처용무(五方處容舞)로 추어졌다고 한다.

성종 때 나온 『악학궤범(樂學軌範)』에는 처용무가 학무(鶴舞)와 연화대무(蓮花臺舞)를 합설해서 학연화대처용무(鶴蓮花臺處容舞) 합설로 나례(儺禮)에서 연행되었다고 기록되어 있다.

처용무는 궁중 나례를 비롯하여 관아의 연향(宴享)에서 연행되었으나 조선 말기에 전승이 끊어졌던 것을 1928년에 구황궁아악부(舊皇宮雅樂部) 김영제(金甯濟)·함화진(咸和鎭)·이수경(李壽卿)이 『악학궤범』과 장악원(掌樂院)에서 쓰던 『정재홀기(呈才笏記)』를 참작하여 새로 안무한 것이다. 처용탈은 모시 또는 옻칠한 삼베로 껍질을 만들고 채색은 적면유광(赤面油光)으로 후덕한 모습으로 한다. 사모는 대(竹)로 망을 얽어 종이를 바르며, 두 귀에는 주석 고리와 납주(鑞珠)를 걸고 복숭아 열매와 가지를 단다.

춤은 다섯 무원(舞員)이 각각 청(동), 홍(남), 황(중앙), 흑(북), 백(서)의 단의(緞衣)를 오방에 맞추어 입고 서서 처용 가면과 사모를 쓰고 홍록흉배(紅綠胸背), 초록천의(草綠天衣), 남오군(藍襖裙), 홍방슬(紅方膝), 황초상(黃綃裳), 금동혁대(金銅革帶)를 띠고 백한삼(白汗衫)을 끼고 백피혜(白皮鞋)를 신고 춤을 춘다.

수제천(壽齊天), 빗가락 정읍(井邑)에 맞추어 두 팔을 허리에 붙이고 청·홍·황·흑·백의 차례로 들어와 일렬로 북향하여 서서 "신라성대소성대(新羅盛代昭盛代) 천하태평나후덕(天下太平羅候德)…"하고 처용가를 가곡(歌曲) 언락(言樂) 가락에 맞추어 부르고 나서 향·당(鄕唐) 교주(交奏)하면 처용 5인이 모두 허리를 굽힌 다음 5방으로 마주 서서 춤추다가 소매를 들어 안으로 끼는 홍정(紅程) 도돔춤을 추고 나서 발을 올려 걸으며 무릎을 굽히는 발바딧춤을 추며 북향하여 섰다가 가운데 황(黃)과 사방은 반대로 향하여 춤을 춘다.

오방무원은 각기 무진무퇴(舞進舞退)하여 다른 방향으로 들어서는 발바딧 작대무(作隊舞)를 추고, 황은 북을 향하여 방향을 바꾸어 무릎디피춤을 추고, 청·홍·흑·백은 중앙을 향하여 춤을 추되 처음에 흑과 황이 대무(對舞)하고 청·홍·백이 차례로 대무한 다음 중앙을 등지고 추다가 제자리를 향하여 춘다. 회선(回旋)·우선(右旋)으로 흑이 먼저 나오고 황은 백과 홍 사이에 들어가 모두 제자리로 돌아왔을 때, 흑은 뒤로 물러서고 홍은 앞으로 나가 처용 5인이 가지런히 서면 일제히 북향하고 선 다음 노래를 한다.

"산하천리국(山河千里國)에 가기울총총(佳氣鬱蔥蔥) 하샷다/ 금전구중(金殿九重)에 명일월(明日月)하시니 / 군신천재(君臣千載)에 회운룡(會雲龍)이샷다 / 희희서속(熙熙庶俗)은 춘대상(春臺上)이어늘…"하고 창사(唱詞)를 가곡 우편(羽編)에 맞추어 부른다. 윗도드리가 시작되면 한삼을 좌우 어깨에 차례로 메었다가 뿌리는 동작으로 낙화유수(落花流水)를 추다가 청·홍·황·흑·백·처용의 순서로 퇴장한다.

처용무는 본디 나례와 같은 벽사진경(辟邪進慶) 의례에서 연행되던 것이 뒤에 궁중과 관아의 연향에서 추어졌으며, 남무(男舞)로서 장엄하고 신비스러운 춤이다.

보유자로 김천흥(金千興) 외에 김룡(金龍)이 있으며, 조교로 김중섭(金重燮)이 있다.

30. 초적(草笛)

초적이란 풀피리의 하나로, 일명 초금(草琴)이라고도 한다. 즉, 풀잎이나 나무껍질을 입에 대고 불어서 음악을 연주하는 것을 말한다. 특히 귤나무 잎사귀·갈대잎·화피(樺皮, 벗나무 껍질), 도피(桃皮, 복숭아나무 껍질) 등을 주로 사용하였다.

초적에 대해서 『악학궤범(樂學軌範)』 권7 「草笛(초적)조」에 다음과 같이 기술하고 있다.

"초적은 옛날 도엽(桃葉)을 말아 부는 법이 있었으니 옛사람들이 이르기를 '나뭇잎을 물어 휘파람 부니 그 소리가 맑게 나는데 귤나무잎이나 유자나무잎이 더욱 좋다' 하였다. 또 '갈대잎을 말아 만들어 형상을 피리 혀(茄首)같이 한다' 하였다. 지금 사람들은 화피를 잘 쓴다. 어떤 나뭇잎이든지 빳빳하고 두꺼운 것은 모두 쓸 수 있다. 나뭇잎 상면(반질반질한 겉면)을 말아 입에 물고 불면 소리가 윗입술로부터 나는 것이니 거기에서 나는 소리가 관악기와는 달라 다만 불기를 늦추어 불고 힘써 부는데, 고·하(高下) 음을 내며, 혀끝에 흔들어 어금니와 이 사이에 댔다 떼었다 하여 악조(樂調)에 맞게 하는 것이다. 초적을 배우는 데는 스승이 가르쳐줌을 기다릴 것 없고, 먼저 악절(악곡 멜로디)을 알면 누구나 다 할 수 있다." 하였다.

또 『필원잡기(筆苑雜記)』에는 "지중추부사(知中樞府事) 홍일동(洪逸童)이 정신없이 취하면 풀잎으로 피리 부는 소리를 내는데 소리가 비장(悲壯)하면서도 위엄이 있었다"는 기록이 있다.

중국 당(唐)나라의 십부기(十部伎) 중 청악(淸樂)과 연악(燕樂)에 취엽(吹葉)

이 들어 있다고 한다.

일제강점기 때 강춘섭(姜春燮)이라는 악사는 초적으로 시나위는 물론 산조와 삼현육각(三絃六角 : 피리(2)·대금·해금·장구·북)도 불어 초적의 명인으로 이름을 떨친 바 있다. 이처럼 초적은 예부터 근래까지 전승되었다.

보유자 박찬범(朴燦凡)은 8세 때부터 부친인 박춘성에게 전수받았으며, 그 뒤 40여 년 가까이 연주하면서 현재 음계(音階)까지 만들었는데 내용은 다음과 같다.

(1) 황(潢) : 입술을 양옆으로 자연스럽게 벌리고 초적을 윗입술 안쪽에 놓는다. 즉 초적의 굵은 쪽에 입술을 댄다.

(2) 태(汰) : 입술을 양옆으로 자연스럽게 벌리고 초적을 윗입술 3/4에 놓는다.

(3) 중(仲) : 입술을 자연스럽게 벌리고 초적을 윗입술 2/4에 놓는다. 초적의 위치는 초적의 굵은 쪽 3/4에 댄다.

(4) 임(林) : 입술을 자연스럽게 벌리고 초적을 윗입술 1/4에 놓는다. 초적의 굵은 쪽 2/4에 댄다.

(5) 무(無) : 입술을 자연스럽게 벌리고 초적을 윗입술 바깥쪽에 놓는다. 초적의 굵은 쪽 1/4을 댄다.

현재 보유자가 초적으로 연주한 곡은 '강산풍월' '시나위' '심락풍류' '동살풀이' '설장구와 풀피리' '민요' '굿거리' 등으로, 이미 음반으로 제작되었다. 초적으로 사용할 수 있는 음악은 '남도 씻김굿' '남도 다스레기' 등이며, 특히 '시나위' 음악에 가장 적절하리라 보고 있다.

악기 아닌 풀잎 하나로 소리의 고저를 마음대로 낼 수 있고, 그 소리가 매우 맑고 떨리게 들리는 것이 특이하다 하겠다.

31. 태평무(太平舞)

　태평무는 나라의 평안과 태평성세를 기원하는 뜻에서 추어진 춤으로 명무 한성준(韓成俊)이 추어온 공연 춤의 하나이다. 어느 때부터 전승되었는지는 확실히 알 수 없으나 구전에 의하면 약 100년 전부터 추어온 춤이라 한다. 태평무의 반주음악이 경기도 무속(巫俗)음악인 진쇠가락을 비롯하여 낙궁·터벌림·도살풀이 등의 가락으로 되어 있고, 춤 또한 경기 무당춤의 동작이 있는 것으로 보아 경기도 도당굿에서 행해진 무악(巫樂)과 무무(巫舞)를 재구성한 춤으로 보인다.

　한성준(1875~1941)은 충남 홍성에서 태어나 7~8세부터 음악을 하였고, 박순조(朴順祚)에게 고법(鼓法)을 배웠으며, 외조부인 백운채(白雲彩)에게 춤과 북·가락을 배웠고, 서학상(徐學相)에게 줄타기와 땅재주를 배웠다. 김창환(金昌煥)·박기홍(朴基洪)·송만갑(宋萬甲)·이동백(李東伯)·김창룡(金昌龍)·정정렬(丁貞烈)의 북을 도맡아 쳤으며 당시 흥선대원군과 고종 앞에서 춤을 추어 참봉(參奉) 직위까지 받았다.

　또 1933년에는 '조선음악무용연구회'를 조직한 민속무용의 대가로 그동안 흩어져 있던 무용을 체계화하여 승무(僧舞)·학무(鶴舞)·태평무 등을 무대화하였다. 한마디로 우리나라 음악은 물론 춤을 예술적으로 집대성한 인물이다. 음악에 재주가 있고 박자에 능했기 때문에 경기 도당굿의 왕거리에서 나오는 춤을 공연춤으로서의 태평무로 재구성한 것으로 보고 있다.

　한성준은 손녀 한영숙(韓英淑)과 강선영(姜善泳)에게 태평무를 영구적으로 보존할 것을 부탁할 정도로 애정을 가졌다고 하며, 작고할 때 유언으로

"내가 죽으면 수의 대신 태평무 의상을 입혀달라."고 말했을 정도로 태평무를 사랑하였다.

태평무의 무복(巫服)은 남성 무용수인 경우, 남복(男服)을 입혔으며, 여성 무용수인 경우, 궁중 여복을 입고 추었다 한다. 강선영이 입고 추던 무복은 내의는 당의, 외의는 원삼을 바탕으로 하여 손에는 한삼, 머리는 큰머리로 장식한 것이다.

춤 장단은 낙궁장단 3장단(4박), 터벌림(반서름) 64장단(10박), 올림채 1, 6장단(3박), 올림채 2, 도입(12박), 올림채 3, 3장단(24박), 도살풀이 60장단(6박), 터벌림 5장단(10박)으로 끝맺는데 빠르고 다양한 장단 구성이 특징이다.

춤사위는 승무의 장삼 뿌림과 경기무속 무용, 학춤에서 나온 춤사위 등이 엿보인다. 살풀이춤이나 승무는 발을 사뿐히 들어서 뒤꿈치를 디디며 일직선으로 발을 놓지만, 태평무는 발에 원을 그리지 않으면 그 장단을 맞출 수가 없다.

잔발을 딛고 발을 돌리며 굴리고 잦은 깨끔발을 띠고 잔가락을 넣으면서 발짓이 맞아떨어지는 것이다.

태평무는 전통춤 중에서 가장 기교적인 발짓춤이라고 말한다. 즉, 겹걸음, 따라 붙이는 걸음, 잔걸음, 무릎 들어 걷기, 뒤꿈치 찍기, 앞꿈치 찍고 뒤꿈치 디딤, 뒤꿈치 찍어 돌기, 발 옆으로 밀어주기, 발 옆으로 옮겨 딛는 사위, 엇붙임 사위, 빙그르르 도는 사위 등 발디딤의 기교가 탁월하다.

팔 동작도 뿌림 사위(한삼이나 맨손으로 여러 방향에 뿌리는 사위)가 다양하다. 즉 위로 뿌림 사위, 옆으로 뿌림 사위, 돌려 뿌림 사위, 끼어서 뿌림 사위, 끼고 감는 사위, 제치는 사위, 엎는 사위, 얹는 사위, 걸치는 사위, 여미는 사위, 엇거는 사위, 끼고 드는 사위, 감고 푸는 사위, 손목 놀림 사위, 치마 잡는 사위, 휘젓는 사위, 양팔 폈다 모으는 사위, 펴는 사위 등이다.

태평무는 완벽한 홀춤(獨舞)으로서 정중동(靜中動)의 미적 형식을 가지고 있다. 동작이 섬세하고 우아하며 동작 하나하나에 절도가 있고 특히 발디딤이 다양하고 발을 구르는 동작은 이 춤만이 가진 멋이라 할 수 있다. 또 이 춤에서의 한삼자락 등은 우리 춤이 갖는 너그러움과 함께 독특한 곡선미를 보여준다.

32. 판소리 고법(鼓法)

판소리 고법이란 판소리 반주로서 고수(鼓手)가 북 장단을 치는 것을 말한다. 판소리에서는 일고수 이명창(一鼓手 二名唱) 또는 암고수 수명창이라 하여 고수의 기예를 중히 여겼다.

판소리의 고법은 판소리 발생과 함께 시작되었을 것으로 보인다. 그것은 판소리와 비슷한 음악적 특징을 갖는 창우(唱優)의 고사(鼓詞) 소리가 북 반주로 불리는 데서 알 수 있다.

순조(純祖) 때 송광록(宋光祿)은 송흥록(宋興祿)의 고수로 있다가 판소리로 돌려서 명창이 되었고, 주덕기(朱悳基)도 송흥록・모흥갑(牟興甲)의 고수로 있다가 명창이 되었다.

순조 때 활약한 판소리 명창 가운데 이른바 8명창이 있었는데 이 시절에는 진양(진양조)을 6박으로 쳤다고 한다. 그 당시에는 소리에 따라 맺고 푸는 고법을 본격적으로 활용하지 않은 것 같으며, 또 중몰이・중중몰이・자진몰이의 경우에도 맺고 푸는 고법이 충분히 이론화되지 않았던 것 같다. 또 휘몰이장단은 순조 말기에 활약한 고수 문석준(文錫俊)이 '흥보가'의 박 타는 대목에서 비롯된 것으로 짐작된다.

고종 때와 일제강점기 때 활약한 명고수는 박판석(朴判錫)・신찬문(申贊文)・주봉현(朱鳳鉉)・정원섭(丁元燮)・신고주(申高柱) 등이었다. 한성준(韓成俊) 등 이들 명고수들은 판소리 고법의 체계를 세우는 데 공헌했으며, 오성삼(吳聖三)은 진양을 24박으로 치고 기(起)・경(景)・결(結)・해(解)라 하여 각(刻)마다 맺고 푸는 고법을 쳤다. 신찬문은 북의 맺고 푸는 고법을 완성했을 뿐

만 아니라 북채 들고 너름새하는 법, 추임새하는 법 등 북채의 이론체계를 세웠다. 장판개(張判介)는 소리의 등배에 따라 북을 맺고 푸는 고법을 발전시켰다.

광복 후에는 김재선(金在先)·이정업(李正業)·김명환(金命煥)·김득수(金得洙)·김동준(金東俊) 등이 활동하였다. 정화영(鄭和英)은 김동준에게 판소리 고법을 본격적으로 배우기 시작했으나 김동준이 일찍 작고했기 때문에 이수자로 인정되지 못했다고 한다.

정화영은 김명환·김동준이 사사했던 장판개의 고법을 계승하고 있다.

판소리에 쓰이는 소리북은 일명 고장북이라 하는데 고장이란 장단의 사투리이다. 소리북은 높이 23cm, 지름 47cm 정도 되게 통을 짜고 양편에 쇠가죽을 맨다. 북통은 통북이라 이르는 오동나무나 다른 통나무를 파서 만들기도 하지만, 흔히 소나무를 여러 쪽 깎아서 통처럼 짜서 만든다. 북채는 박달나무나 대추나무 또는 탱자나무 등 단단한 나무를 쓴다.

판소리에 쓰이는 장단에는 진양·중몰이·중중몰이·자진몰이·휘몰이·엇몰이·엇중몰이가 있다. 판소리의 선율은 맺고 푼다 하여 악절에 따라 선율의 기복(起伏)이 있는데, 이것을 소리의 등배 또는 생사맥(生死脈)이라고도 한다.

정화영의 연주법은 왼손잡이이므로 북을 오른편에 당겨 놓고 치며 북채는 왼손으로 쥐고 치되 자연스럽게 쥐고, 채편 대접을 같은 모양으로 친다. 또 궁편은 오른손으로 치되 팔을 곧게 펴지 않고 자연스레 펴 오른손 엄지를 북통 전에 걸치고 치며, 특별한 경우가 아니면 엄지를 전에서 떼지 않는다.

오른손 채 손은 북에서 머리 위나 음 편으로 멀리 나가지 않도록 한다. 대점은 채를 수평으로 내려치되 북통의 위·가운데를 치며, 소점은 조금 안쪽으로 댕겨 친다.

맺고 푸는 주법은 진양장단을 치며, 다른 장단은 맺을 경우는 결박에 대점을 치고, 그렇지 않을 때는 소점을 친다고 하며, 사치 가락은 고정된 사치 가락이 많지 않아 그때그때 만들어 친다.

북편 성음은 다소 음성적인 묵직한 성음이며, 채편 성음 또한 무겁고 단단한 성음으로, 요즈음 고법의 경향이 가볍고 번잡한 성음으로 기우는 것과는 대조된다.

추임새는 그 위치와 말의 선택이 적절하고 성음이 북 성음과 잘 조화되고 있다. 다만 돋우어주는 추임새의 신명이 부족한 경우가 가끔 있다고 한다.

보유자는 정화영(鄭和英)이 있다.

33. 피리 정악(正樂) 및 대취타(大吹打)

대취타는 호적(胡笛)·나발(喇叭)·소라(螺角) 등 관악기와 징·북(龍鼓)·바라·장고 같은 타악기로 편성되어 왕의 거동이나 귀인의 행차, 그리고 군대 행진에서 선전관청(宣傳官廳)과 영문(營門)에 소속된 취타수(吹打手)에 의하여 연주되던 행진곡풍 군례악(軍禮樂)이다. 아명(雅名)으로는 무령지곡(武寧之曲), 속명으로는 대취타, 세칭 구군악(舊軍樂)이라고도 한다.

취타란 불고[吹] 친다[打]는 뜻으로 취악기와 타악기를 뜻한다. 취타를 달리 고취(鼓吹)·고취악(鼓吹樂)이라고도 하는데, 이 또한 치는 악기와 부는 악기의 연주라는 뜻으로 취타와 같은 말이다. 곧 불고 치는 군 악기에 북·장구·피리·젓대·해금이 취타에 합쳐진 것을 대취타라 한다. 순수한 군악기만의 취주(吹奏)를 취타라 하고, 피리·젓대·해금 같은 일반 악기의 취주를 세악(細樂)이라 하였다.

취타의 주자(奏者)를 취고수(吹鼓手) 또는 취악내취(吹樂內吹)라 하며, 세악의 주자는 세악수(細樂手) 또는 세악내취(細樂內吹 : 비교적 음량이 적고 실내에 알맞은 악기들로 연주하는 국악 합주)라 하였다.

취타와 세악으로 구성된 대취타와 악수 중 황의초립(黃衣草笠) 차림의 취악내취는 호적·나발·나각·대각·발라(鈸鑼)·장고·용고(龍鼓)·징(鉦)·나(鑼) 등의 악기로 한 조(組)를 이루어 군중(軍中)의 행진곡·승전곡의 취타를 주로 연주하고 세악수 연주에도 합주하였다.

취고수의 악곡 종류는 대취타·소취타에 불과하고 세악수는 취타가곡(吹打歌曲) '도드리' 등 짧은 곡을 연주하였다.

현재 연주되는 악기는 호적(태평소)만이 선율을 연주하며 나각·나발과 같은 단음 악기와 북·장구·징·자바라 등의 타악기로 편성된다. 대취타 중심의 음악 내용은 7장으로 구성되었으며, 1장단은 12박으로 소삼(小三)·대삼(大三)이 모여 이루어졌다. 이 곡은 모두 19각 반각으로 되어 있는데, 제7장 끝에서 제1장 3박으로 반복되는 도드리(還入) 형식으로 되어 있다.

연주자 외에 시작과 끝을 알리는 집사(執事)가 지휘봉이라 할 수 있는 등채를 들고 "명금일하대취타(鳴金一下大吹打)하랍신다." 하고 호령하면 연주가 시작된다. 취타수는 작우(雀羽)가 꽂힌 초립을 쓰고 누른색의 철릭(天翼)에 남전대(藍纏帶)를 띠고 미투리를 신는다.

취타는 고구려 안악(安岳) 제3호분인 동수묘(冬壽墓)에서 전정고취(殿庭鼓吹) 등의 모습이 보이고, 백제에서도 고(鼓)·각(角) 등 고취 악기가 쓰였다는 것으로 보아 고취수들의 행진음악은 이미 삼국시대에 있었던 것으로 볼 수 있다.

고려시대에는 궁중의식과 군사행진 때 고취악이 사용되었음이 『고려사』「악지(樂志) 용고취악절도(用鼓吹樂節度)」에 기술되어 있다. 조선시대에는 선전관청에 대취타가 있었고 오영문(五營門)과 각 지방의 감영(監營)·병영(兵營)·수영(水營) 등에도 각각 취타수가 있었으며 각 고을에는 소취타(小吹打)를 두었다.

대한제국 대취타의 마지막 명맥이었던 당시 겸내취(兼內吹) 임원식(林元植)에 이어 최인서(崔仁瑞)가 겸내취의 법통을 이어 왔으며, 현재는 정재국(鄭在國)이 잇고 있다.

대취타는 비록 타악기 중심으로 몇 개의 취악기로 편성되지만 호령하듯 위엄이 있는 장쾌한 음악이다.

34. 학연화대합설무(鶴蓮花臺合設舞)

학연화대합설무란 학무(학춤)·연화대무·처용무(處容舞)를 합쳐서 하나의 커다란 정재무(呈才舞)를 형성한 것이다. 일명 '학연화대처용무합설(鶴蓮花臺處容舞合設)'이라고도 하며 고려 때부터 전해오는 향악정재(鄕樂呈才)의 하나로 조선 초기 섣달그믐 전날 밤 궁중 나례(儺禮)가 끝난 뒤에 거행되는 연중행사의 하나였다.

이 춤은 세종 때 처용의 가사 줄거리를 제작하여 '봉황음(鳳凰吟)'이라 하고 조정의 정악으로 하였으며, 세조 때 학춤이 처용무·연화대무와 합설하여 궁중 나례와 향연에 추었던 것으로 추정된다. 성종 때 펴낸 『악학궤범(樂學軌範)』에는 학무·연화대무·처용무가 합설되어 나온다. 그러나 학무의 무보(舞譜)가 따로 독립되어 있어 독자적인 발전이 있었던 것 같으며, 학연화대처용무합설에는 학이 나와 연꽃 속의 동녀(童女)를 발견하는 절차가 있다.

학무와 연화대는 각각 두 사람씩 짝을 지어 춤을 추지만, 처용무는 원래 한 사람이 추던 형식이 아닌 오방처용(五方處容) 즉, 동·서·남·북·중앙의 다섯 처용이 출현한다. 따라서 이 춤은 학춤 2인, 연화대 2인, 처용무 5인 등 9인이 출연한다. 그러나 이 밖에 각종 의물(儀物)을 든 어린아이가 6인, 꽃무동 4인, 가창대(歌唱隊) 16인, 악사 35인으로 총 70인에 가까운 인원이 출연한다.

춤의 구성은 크게 세 부분으로 나누어볼 수 있다. 첫째 부분은 오방처용무가 되고, 둘째 부분은 학춤이 되며, 셋째 부분은 오방처용무의 반복이다. 오방처용무는 처용만기(處容慢機)와 봉황음일기(鳳凰吟一機)로 나누어진다. 늦은 모리나 중모리를 이용하다가 봉황음급기(鳳凰吟急機)인 휘모리장단을 이용한다.

학춤과 연화대의 경우는 동발(銅鉢)을 잡은 악사를 선두로 악사·가창대·무기(舞妓)들이 회무(回舞)를 짓고, 또 학춤·연화대 춤을 춘다. 합설무(合設舞)에서는 이 무용의 전 과정을 가창대가 부르는 처용가와 정읍사(井邑詞) 등을 부르며 춤이 진행된다.

오방처용무는 횡선과 작대무(作隊舞)가 단순한 구도이긴 하지만 그 율동의 동작이 매우 다양하게 변화되는 것이 특징이다. 즉 고정된 구도상에서 율동의 동작을 취했다는 점이며, 학춤은 청학(靑鶴)과 백학(白鶴)이 연꽃봉오리를 쪼아 동녀를 나오게 하는 데까지의 춤이 우아한 율동으로 엮어졌다.

반주 음악은 학무를 출 때 세령산·삼현도드리·타령 음악을 사용하고, 연화대무에서는 보허자(步虛子)·삼현도드리·잦은 도드리 타령·잦은 타령·타령으로 모두 궁중음악만을 사용한다. 악기 편성은 삼현육각(三鉉六角)이다.

성현(成俔)의 『용재총화(慵齋叢話)』에서 처용무는 처음에 한 사람이 흑포사모(黑布紗帽)하고 춤추었는데 뒤에 오방처용으로 변하였다고 기록되어 있다. 『악학궤범』에는 처용무에 전도(前度)와 후도(後度)가 있어 두 번 추는데, 후도에서는 학무와 연화대가 합설(合設)되고 이어서 미타찬(彌陀讚)·본사찬(本師讚)·관음찬(觀音讚)과 같은 불가(佛歌)도 곁들인다고 하였다.

처용무는 숙종·영조·순조에 이르는 역대 진연(進宴)에 상연되었는데, 다만 예전과 같은 처용무·학무·연화대의 종합연출이 아니고 각각 독립되어 상연되었다. 조선 말기 『정재홀기(呈才笏記)』의 「처용무보」에는 옛 잔영으로 불가를 곁들이고 있다.

이 합설무는 조선시대 복식을 비롯한 예기(藝妓)에 이르기까지 귀중한 자료로 인식되고 있다.

보유자 이흥구(李興九) 외에 손경순(孫敬順) · 홍운기(洪雄基) 등 조교 2인
이 있다.

35. 휘몰이잡가

휘몰이잡가란 서울 잡가 가운데 한배가 빠른 것들을 말한다. 휘몰이란 말은 우스꽝스러운 익살과 곁말투성이의 사설(辭說)을 빠른 속도로 촘촘히 휘몰아쳐 나가는 창법에서 붙인 이름이다. 사설은 대개 장형시조의 변형으로, 해학적이고 재미있는 말을 자진타령장단에 얹어 부르기 때문에, 사설시조의 한 갈래에 포함되기도 한다.

휘몰이잡가는 가사 시조를 잘 부르던 잡가꾼들이 발전시킨 것들인데, 조선 말기에 서울 풀무골 소리꾼 이현익(李鉉翼)이 많은 휘몰이잡가를 지었다고 한다. 선소리 명창 김태운(金太運)을 거쳐 최강식(崔康植)·이창배(李昌培)에 전승되었는데, 주로 소리꾼들의 파장(破場) 노래로 즐겨 불렸다고 한다. 이창배는 청구학원을 운영하여 박상옥·황용주 등을 배출하였다.

현재 서울에 전승되는 휘몰이잡가에는 만학천봉(萬壑千峯)·곰보타령·병정타령(兵丁打令)·기생타령·육칠월 흐린 날·생매잡아·바위타령·맹꽁이타령·한 잔 부어라·비단타령·순검타령(巡檢打令) 등이며 음악적 특징이나 창법은 12잡가와 공통된다.

'만학천봉'은 신선놀음을 자처하는 한 객이 옥황상제께 약 심부름 가는 선동(仙童)에게 각종 물고기를 잡아 임에게 전하라고 하니, 선동은 바빠서 갈까 말까 하는 내용이다. 볶는 타령장단으로 사설을 촘촘히 엮는 통절형식(通節形式)이며, 서울소리조로 되어 있다.

'곰보타령'은 가장 널리 불렸던 휘몰이잡가의 대표적인 노래로서 갖가지 중이 냇가로 나오면 각종 고기들이 그 얼굴을 그물로 여겨 도망간다는 내용이다. 볶는 타령장단에 익살스러운 낱말을 주워섬기는 해학적인 노래이다.

'병정타령'은 한 여인이 갖가지로 차린 기생에게 자기도 기생이 되겠으니 선생에게 전해달라고 하니, 기생은 정든 임을 위해서 바쁜 것을 갖가지 나열하고 타인에게 미루는 내용이다. 볶는 타령장단에 통절형식으로 부른다.

'육칠월 흐린 날'은 만학천봉과 비슷하다. 볶는 타령장단에 서울 소리조이고 통절형식이다.

'생매잡아'는 갖가지 물고기를 잡아놓고 동자에게 손님이 오거든 냇가로 안내하라는 내용이다. 볶는 타령으로 사설을 주워섬기는 통절형식이나 사설이 짧다.

'바위타령'은 밥에 돌이 많은데 바위처럼 크다고 하며 각 고장 유명한 바위를 나열하는 익살스러운 잡가이다. 첫머리는 노랫가락으로 내고 잦은 도드리장단으로 몰아간 다음, 다시 노랫가락으로 여미게 되어 있어 서울 민요조가 짙다. 통절형식이며 과장이 심하여 웃음이 나오는 소리이다.

'맹꽁이타령'은 맹꽁이를 두고 갖가지 인생사를 주워섬기며 풍자하는 익살스러운 내용이다. 처음 외우기 발음이 썩 어려운 사설로 시작되고 끝도 비슷하게 여미는 것도 특이하다. 곡조는 여느 휘몰이잡가와 비슷하다.

'한 잔 부어라'는 호주가(好酒家)가 술 마시고 호기 부리는 짧은 사설을 시조형식으로 지은 것이다.

'비단타령'은 각색 비단을 나열하는 사설로, 서울 소리조로 경 읽듯이 주워섬긴다.

이상 사설의 내용을 간략하게 보았지만 모두 장황하게 비슷한 내용의 낱말을 나열하는 사설이 많고, 바쁜 일을 나열하여 할 수 있을까 말까 하고 대답하는 유형이 많다.

휘몰이장단은 자진몰이장단을 더욱 빨리 연주함에 따라 생성된 장단으로서,

이 장단이 사용되는 음악은 전반적으로 씩씩하고 격렬한 느낌을 준다.

보유자는 박상옥(朴相玉)이 있다.

부록

사라져가는
월별 이칭(異稱)

사라쳐가는 월별(月別) 이칭(異稱) :
1~12월의 이칭과 윤달(閏月)의 이칭

우리 선인(先人)들은 음력 열두 달의 달마다 그달에 맞는 멋있는 이름을 지어 불렀다. 그러나 세월이 지나고 세대가 교체됨에 따라 이제 그 이름들은 사라져가고 있다. 국립민속박물관에서 간행한 『세시풍속사전』 등 몇몇 서적을 인용하여 월별 이칭을 간략하게 기술해 보았다.

현재의 태양력(太陽曆), 곧 양력은 1895년(고종 32) 을미개혁(乙未改革) 뒤부터 사용하였으며 그 이전에는 모두 태음력(太陰曆), 곧 음력을 사용하였기 때문에 월 병 이칭은 모두 음력이다.

1월

* 단월(端月)

  단(端)은 처음 시작된다는 뜻으로 1월을 단월이라고도 하였다.

* 맹양(孟陽)

  따뜻한 봄의 첫 번째 달이라는 뜻이다.

* 맹춘(孟春)

  첫봄을 뜻하는 말로 1월의 이칭이며, 초춘(初春), 초세(初歲), 수세(首歲), 헌세(獻歲)라고도 한다.

- 발춘(發春)

  봄이 시작된다는 뜻으로 1월을 달리 부르는 말이다.

- 방세(芳歲)

  아름다운 봄을 뜻하는 말로 화세(華歲)라고도 한다.

- 신원(新元)

  새로운 해가 시작된다는 뜻이다.

- 원월(元月)

  한 해의 첫 달을 뜻하는 말이다.

- 월정(月正)

  고대 중국 하(夏), 은(殷), 주(周)시대에 역성혁명(易姓革命)으로 왕조가 바뀌었는데 이때마다 역법(曆法)을 다시 고친다 해서 월정이란 말이 나왔다. 즉 새로운 해가 시작되는 첫 달이라는 뜻이다.

- 이단(履端)

  이(履)는 밟는다는 뜻이고 단(端)은 처음이라는 뜻으로, 새해가 처음 시작되는 1월이 되었음을 뜻한다.

- 이원(履元)

  새해가 처음 시작된다는 뜻이다.

- 인월(寅月)

  12간지(干支) 중 인(寅)은 세 번째에 해당되는데 고대 중국 하(夏)나라 때 첫 번째인 자(子)를 동짓달로 하여 1월은 인(寅)이 되었다.

- 정월(正月)

  일 년 열두 달 중 첫째 달로 1월을 달리 부르는 말로 원월(元月), 인월(寅月)이라고도 한다.

- 조세(肇歲)

  조(肇)는 시작을 뜻하는 말로서 새해가 처음 시작된다는 뜻이며, 세수(歲首),
  세초(歲初), 연두(年頭), 정초(正初)라고도 한다.

- 추월(陬月)

  추(陬)는 정월을 뜻하는 말로 맹양(孟陽), 맹추(孟陬)라고도 한다.

- 탁금(鐸金)

  음력 정월로, 탁(鐸)은 목탁이며 금(金)은 목탁의 소리를 내게 하는 혀이다. 『서
  경(書經)』「하서(夏書)」에 맹년 맹춘에 주인(遒人)이 목탁을 가지고 도로를 순
  행하였다는 말이 있다.

2월

- 대장월(大壯月)

  『주역(周易)』의 64괘(卦) 중 12괘를 뽑아 일 년 열두 달에 배속시켰는데 2월이
  대장괘에 해당되어 붙여진 이름이다.

- 묘월(卯月)

  묘(卯)는 십이지(十二支) 중 네 번째에 해당하나 현재의 음력은 중국 하(夏)나라
  때 12지의 인(寅)을 정월로 삼았던 것을 사용하므로 묘는 2월에 해당하여 2월을
  묘월이라고도 한다.

- 여월(如月)

  『이아(爾雅)』「석천(釋天) 월명(月名)편」에 1월은 추(陬), 2월은 여(如), 3월은 병
  (病), 4월은 여(余), 5월은 고(皋), 6월은 차(且), 7월은 상(相), 8월은 장(壯), 9월
  은 현(玄), 10월은 양(陽), 11월은 고(辜), 12월은 도(涂)이다. 따라서 2월은 여

(如)인 데서 붙여진 이름이며, 여(如)는 깨어 나오는 것을 뜻한다.

• 여월(麗月)

여(麗)는 곱고 아름답다는 뜻으로, 중국 남조(南朝) 양(梁)나라 소통(簫統)이
지은 이월계(二月啓)에 화명여월(花明麗月), 즉, 꽃이 밝고 달이 곱다는 뜻으로 2월을 여월이라 불렀다고 하였다.

• 여한(餘寒)

계절은 봄인데도 아직 차가운 기운이 남아 있어 부르는 말로, 꽃샘추위, 곧 춘
한(春寒)이라고도 한다.

• 영월(令月)

고대 중국 한(漢)나라 장형(張衡)의 「귀전부(歸田賦)」에 "중춘영월 시화기청
(仲春令月 時和氣清)"이란 구절에서 중춘(仲春), 곧 2월을 영월이라 하였다.
좋은 달이라 하여 길월(吉月)이라고도 하며 중양(仲陽)이라고도 한다.

• 중춘(仲春)

중(仲)은 가운데를 의미하므로 봄의 계절인 1, 2, 3월 중 중간 달인 2월로, 중
양(仲陽)이라고도 한다.

• 춘은(春殷)

은(殷)은 성대하다는 뜻으로 봄의 기운이 성대하여 2월을 춘은이라고도 하였다.

• 협종(夾鐘)

동양음악의 12율(律) 중에서 네 번째인 협종이 2월이 된다. 그것은 첫째 음(音)
인 황종(黃鐘)을 11월, 곧 동짓달에 배속시켰기 때문에 협종은 2월에 해당되어
붙여진 이름이다.

12율은 황종(黃鐘), 대려(大呂), 태주(太簇), 협종(夾鐘), 고선(姑洗), 중려(仲呂),
유빈(蕤賓), 임종(林鐘), 이칙(夷則), 남려(南呂), 무역(無射), 응종(應鐘)이다.

• 화조(華朝)

음력 2월을 달리 부르는 말이며, 화조(花朝)라고도 한다.

3월

• 가월(嘉月)

3월은 아름다운 달이라 하여 붙인 이름으로서, 온갖 꽃들이 피어 향기로운 때라는 뜻으로 방신(芳辰)이라고도 한다.

• 계춘(季春)

봄의 마지막 달이라는 뜻으로, 만춘(晚春) 또는 모춘(暮春)이라고도 한다.

• 고선(姑洗)

동양음악의 12율(律) 중 다섯 번째로 12율을 열두 달에 배속시켰는데 양(陽)의 기운이 처음 생긴다는 동짓달을 첫 번째로 하여 3월을 고선이라 하였다.

• 도월(桃月)

음력 삼월이면 복숭아꽃이 피는 달이라 하여 붙여진 이름이다.

• 동월(桐月)

오동나무 꽃이 피는 달이라 하여 삼월을 동월이라고도 하였다.

• 병월(炳月)

병(炳)은 아름답고 빛난다는 뜻으로,『이아(爾雅)』「석천(釋天) 월명(月名)편」에 삼월은 병(炳)인 데서 붙여진 이름이다.

• 소화(韶華)

화창한 봄 날씨라는 뜻으로 삼월을 달리 부르는 말이며, 염양(艶陽)이라고도 한다.

- 잠월(蠶月)

  봄누에를 치는 시기라는 뜻에서 삼월을 달리 부르는 말이다.

- 재양(載陽)

  따뜻한 봄기운이 감돈다는 뜻으로 붙여진 이름이다.

- 전춘(殿春)

  삼월은 늦은 봄이라는 뜻으로, 만춘(晚春), 모춘(暮春), 계춘(季春)이라고도
  한다.

- 진월(辰月)

  진(辰)은 12지(支)의 다섯 번째로(子, 丑, 寅, 卯, 辰, 巳, 午, 未, 申, 酉, 戌,
  亥), 지금 사용하는 음력은 고대 중국 하(夏)나라 때 12지 중 세 번째인 인월
  (寅月)을 정월로 삼아 사용하였기 때문에 삼월을 진월이라고도 하였다.

- 춘화(春和)

  화(和)는 온화하다는 뜻으로, 봄 석 달 중 양기가 가장 왕성한 삼월을 가리
  킨다. 춘훤(春暄) 또는 춘창(春暢)이라고도 한다.

- 쾌월(夬月)

  『주역(周易)』의 64괘(卦) 중 12괘를 뽑아 열두 달에 배속시켰는데 동짓달부터
  양기(陽氣)가 처음 생겨난다고 하여 복괘(復卦)를 음력 11월에 배속시켰으며
  쾌괘(夬卦)는 봄 석 달 중 마지막인 삼월을 달리 부르는 말이다. 상괘(上卦)는
  태괘(兌卦)이고 하괘(下卦)는 건괘(乾卦)이다.

- 혜풍(惠風)

  삼월은 동남풍의 봄바람이 부는 달이라 하여 붙여진 이름이므로, 봄바람을 혜
  풍이라고 한다.

- 화월(花月)

음력 삼월이면 산과 들에 온갖 꽃이 핀다 하여 삼월을 화월이라고도 하였다.

4월

- 건월(乾月)

『주역(周易)』의 64괘(卦) 중 12괘를 뽑아 열두 달에 배속시켰을 때 건괘(乾卦)는 4월에 해당되어 4월을 건월이라 하였다.

- 괴하(槐夏)

홰나무 꽃이 피기 시작하는 초여름이라 하여 4월을 괴하라 하였다.

- 괴훈(槐薰)

홰나무 꽃이 피기 시작하여 향기를 내뿜는 달이므로 4월을 괴훈이라고도 하였다.

- 맥량(麥凉)

보리가 익어 수확하기 시작할 때라는 뜻이며, 맥추(麥秋)라고도 한다.

- 맹하(孟夏)

초여름, 곧 여름이 시작된다는 뜻이며, 초하(初夏), 시하(始夏), 유하(維夏)라고도 한다.

- 사월(巳月)

사(巳)는 십이지(十二支) 중 여섯 번째로, 중국 하(夏)나라 때 인월(寅月)을 세수(歲首)로 하였던 것을 사용하기 때문에 4월을 사월(巳月)이라고도 하였다.

- 수요절(秀葽節)

아기풀이 패는 계절이라는 뜻이며, 요월(葽月)이라고도 한다.

- 앵하(鶯夏)

  꾀꼬리가 찾아오는 여름이라는 뜻으로 4월을 달리 부르는 말이다.
- 여월(余月)

  『이아(爾雅)』「석천(釋天) 월명(月名)편」에 4월은 여(余)이므로 여월이라

  하였다.
- 정양(正陽)

  음력 4월은 음기(陰氣)가 싹트지 않고 양기(陽氣)만 가득한 온화한 달이라

  하여 붙여진 이름이다.
- 중려(仲呂)

  음력 4월을 달리 부르는 말로 동양음악의 십이율(十二律) 중에서 첫 음인 황

  종(黃鐘)을 양(陽)의 기운이 처음 생기는 동짓달에 배속시켰기 때문에 중려는

  4월에 해당된다.
- 청화절(淸和節)

  음력 4월은 맑고 온화한 달이라 하여 붙여진 이름이며, 4월 초하루를 일컫기

  도 한다.

5월

- 고월(皋月)

  5월을 달리 부르는 말로, 『이아(爾雅)』「석천(釋天) 월명(月名)편」에 5월을

  고(皋)라 하였다.
- 구월(姤月)

  『주역(周易)』의 64괘(卦) 중 12괘를 뽑아 열두 달에 배속시켰는데 5월은 구괘

(姤卦)에 해당하는 달이므로 5월을 구월이라 한다.

• 매우(梅雨)

매우는 매실이 누렇게 익어가는 절기에 내리는 비라는 뜻으로, 5월을 매우라 하고, 매자우(梅子雨) 또는 매림(梅林)이라고도 한다.

• 매월(梅月)

5월은 매실이 익는 달이므로 붙여진 이름이며, 매천(梅天) 또는 매하(梅夏)라 고도 한다.

• 명조(鳴蜩)

5월을 달리 부르는 말로,『시경(詩經)』「국풍(國風) 빈풍(豳風) 칠월장」에 "四月 秀葽 五月鳴蜩"라고 하였다. 즉 "사월에 아기풀이 패며 오월에는 말매미가 운 다"라는 구절이 있어 오월을 명조라 하였는데, 명조는 몸 색깔이 검고 몸길이 는 한 치 정도인 매미의 일종이다.

• 순화(鶉火)

음력 오월을 달리 부르는 말이다. 순(鶉)은 별자리 이름으로 음력 오월 남쪽 밤하늘에 나타난다. 하늘의 12성수(星宿)에 해와 달이 모이는 것을 12차(次) 라 하는데,『석문(釋文)』에 12차를 12진(辰)에 배속하여 오월(午月)에는 해와 달이 순화에 모인다고 하였다. 따라서 오월(午月)은 곧 5월을 의미하므로 5월 을 순화라고도 한다.

• 오월(午月)

오(午)는 십이지(十二支) 중 일곱 번째이나 현재 사용하는 음력의 역법(曆法) 은 중국 하(夏)나라에서 인월(寅月)을 세수(歲首 : 1월)로 삼았던 것을 사용하 기 때문에 오월의 오(午)는 인(寅), 묘(卯), 진(辰), 사(巳), 오(午)의 순서에 따 라 오월(五月)을 오월(午月)이라고도 한다.

- 유빈(蕤賓)

  동양음악의 십이율(十二律) 중에서 일곱 번째에 해당하는 달인데, 첫 음(音)인
  황종(黃鐘)을 양(陽)의 기운이 처음 생기는 동짓달에 배속시켰기 때문에 유빈
  은 5월에 해당하므로 5월을 유빈이라고도 한다.

- 유열(榴烈)

  석류꽃이 피는 무더운 달이므로, 오월을 달리 부르는 말이며, 유하(榴夏), 유
  화월(榴花月 : 줄여서 榴花)이라고도 한다.

- 조염(早炎)

  더위가 일찍 왔다는 뜻으로 5월을 달리 부르는 말이다.

- 주양(朱陽)

  5월을 달리 부르는 말로『삼국지(三國志)』「촉지(蜀志) 극정전(郤正傳)」에 "朱
  陽否於素秋 玄陰抑於孟春"이라는 글이 있다. 즉, 주양(여름)은 가을 기운에
  막히게 되고 현음(겨울)은 봄기운에 눌리게 된다는 구절이 있다.

- 주하(朱夏)

  중국 위(魏)나라 조식(曹植)의 「괴부(槐賦)」에 "在季春以初茂 踐朱夏而乃繁
  也" 즉, 늦은 봄에 무성해져서 주하(5월)에 번창해진다는 내용이다. 따라서 주
  하는 5월을 달리 부르는 말이며 주명(朱明)이라고도 한다.

- 중하(仲夏)

  음력 5월은 여름의 중간 달이기 때문에 붙여진 이름이다. 정약용(丁若鏞)의
  『다산집(茶山集)』등에서는 중(中)자를 써서 중하(中夏)라고 하였다.

- 포월(蒲月)

  창포(菖蒲) 끓인 물로 머리를 감는 단오절(端午節)이 있는 달이므로 5월을 포
  월이라고도 한다.

- 하오(夏五)

  여름의 5월이라는 뜻으로 5월을 달리 부르는 말이다.

- 훈풍(薰風)

  음력 5월이면 훈훈한 바람이 불어온다는 뜻으로, 화풍(和風)이라고도 한다.
  여름에 부는 바람을 훈풍이라고 하며. 봄바람을 혜풍(惠風), 가을바람을 금풍
  (金風), 겨울바람을 삭풍(朔風)이라고 한다.

6월

- 계하(季夏)

  늦여름이라는 뜻으로 유월을 달리 부르는 말이며, 계월(季月) 또는 만하(晚夏)
  라고도 한다.

- 구월(具月)

  보리, 밀, 그리고 과일, 채소 등 모든 것을 갖춘 달이라 하여 붙인 이름이며,
  구토월(具土月)이라고도 한다.

- 구토월(具土月)

  오행설(五行說)에 따르면 목(木)은 동쪽으로 봄을, 화(火)는 남쪽으로 여름을,
  금(金)은 서쪽으로 가을을, 수(水)는 북쪽으로 겨울을, 토(土)는 중앙을 관장하
  면서 계절과 계절의 중간(3월, 6월, 9월, 12월)에 들어 있다. 즉, 목(木, 봄), 화
  (火, 여름)에서 금(金, 가을), 수(水, 겨울)로 넘어가는 지점이 대표적으로, 토
  (土)는 그 중간에 있기 때문에 유월을 구토월이라고도 한다.

• 둔월(遯月)

『주역(周易)』의 64괘(卦) 중 12괘를 뽑아 열두 달에 배속시켰을 때 6월은 둔괘(遯卦)에 해당되어 붙여진 이름이다.

• 미월(未月)

음력 유월을 달리 부르는 말로, 미(未)는 십이지(十二支) 중 여덟 번째에 해당하나 지금의 음력은 중국 하(夏)나라에서 12지의 세 번째인 인(寅)을 정월로 삼았던 것을 사용하기 때문에 미월은 유월이 된다.

• 복염(伏炎)

삼복(三伏)의 불꽃 더위가 있는 달이므로 유월을 복염이라 하였으며 복월(伏月)이라고도 한다.

• 비염(沸炎)

가마솥이 끓는 듯한 불꽃 같은 더위로, 유월을 달리 부르는 말이며, 비열(比熱), 비염(比炎)이라고도 한다. 즉, 비(沸)는 끓는다는 뜻이고 염(炎)은 불타다는 뜻으로 덥다는 말이다.

• 서월(署月)

더운 달이라는 뜻으로, 유월에는 24절후 중 소서(小暑)와 대서(大暑)가 들어 있는 달이다.

• 성염(盛炎)

성(盛)은 성하다는 뜻으로, 더위가 가장 심하다는 뜻이며, 염열(炎熱) 또는 요염(燎炎)이라고도 한다. 각 계절마다 성한 계절을 성춘(盛春), 성하(盛夏), 성추(盛秋), 성동(盛冬)이라 한다. 따라서 더위가 가장 심한 시기인 유월을 성염이라 한다.

- 썩은 달

유월은 습도가 높고 질병이 많아 붙여진 이름으로, 액달(厄月)이라고도 한다.

- 염열(炎熱)

유월을 달리 부르는 말로 심한 더위라는 뜻이며, 찌는 듯한 더위라는 뜻으로 염증(炎蒸)이라고도 한다.

- 요염(燎炎)

요(燎)는 들판의 잡초를 사르는 불, 곧 태양이 활활 타오르는 불꽃 같다는 뜻으로 유월을 달리 부르는 말이다.

- 유염(庾炎)

무더운 여름이 오래되었다는 뜻이며, 유열(庾熱)이라고도 한다.

- 유월(流月)

6월은 유두(流頭)가 들어 있는 달이라는 뜻으로 유월이라고도 한다.

- 임종월(林鐘月)

임종(林鐘)은 동양음악의 십이율(十二律) 중에서 여덟 번째에 해당하는데, 첫 음인 황종(黃鐘)을 양(陽)의 기운이 처음 생기는 동짓달에 배속시켰기 때문에 임종월은 유월에 해당된다.

- 장하(長夏)

낮이 긴 여름이라는 뜻으로 6월을 달리 부르는 말이며, 차하(且夏)라고도 한다.

- 재양(災陽)

재앙이 될 만큼 뜨거운 더위라는 뜻이다.

- 치염(熾炎)

타는 듯한 무더위라는 뜻이며, 찌는 듯한 무더위라는 뜻으로 증염(蒸炎)이라고도 한다. 혹독한 더위라는 뜻으로 혹염(酷炎)이라고도 하며, 화톳불이 이글거리는 더위라는 뜻으로 6월을 홍염(烘炎)이라고도 한다.

• 형월(螢月)

형(螢)은 개똥벌레, 곧 반딧불이가 나오는 달이라는 뜻으로 6월을 다르게 부르는 말이다.

7월

• 개추(開秋)

가을이 열린다. 즉, 가을이 시작된다는 뜻으로, 가을 석 달(7월, 8월, 9월) 중 첫 달인 음력 칠월을 말하며, 신추(新秋), 조추(早秋), 초추(初秋)라고도 한다.

• 과월(瓜月)

참외가 익어가는 달이라는 뜻이며, 과기(瓜期)라고도 한다.

• 교월(巧月)

걸교(乞巧)가 든 달이라는 음력 7월을 말한다. 걸교란 칠석(七夕) 전날 저녁에 부녀자들이 견우(牽牛)와 직녀(織女) 두 별에게 길쌈과 바느질을 잘하게 해달라고 빌던 일이다. 걸(乞)은 빈다는 뜻이고 교(巧)는 길쌈과 바느질을 잘한다는 뜻이다.

• 금천(金天)

가을 하늘(秋天)을 뜻한다. 동양철학에서 천지 사이 끊임없이 순환하는 다섯 가지 원소가 있는데, 금(金)은 서쪽으로 가을이며, 목(木)은 동쪽과 봄, 화(火)는 남쪽과 여름, 수(水)는 북쪽과 겨울, 토(土)는 중앙과 계절의 중간이다.

• 난월(蘭月)

난초는 포기 나누기를 한 뒤 음력 칠월이 되면 새싹이 돋아나기 때문에 7월을 난월 또는 난추(蘭秋)라고도 하며, 칠석(七夕) 밤을 난야(蘭夜)라고 한다.

• 노량(露凉)

차가운 이슬이 내리는 달이라는 뜻으로, 음력 7월을 말하며, 냉월(冷月), 양월(凉月), 또는 신량(新凉)이라고도 한다.

• 동월(桐月)

오동나무 잎이 떨어지기 시작하는 달이라는 뜻이며, 오월(梧月) 또는 오추(梧秋)라고도 한다. 한편 동월(桐月)을 음력 3월로 사용하기도 하는데 이는 오동나무 꽃이 삼월에 피기 때문이다.

• 만열(晚熱)

칠월 늦더위를 뜻하는 말로, 만염(晚炎)이라고도 한다.

• 맹추(孟秋)

가을이 시작되는 7월을 말하며, 8월을 중추(仲秋), 9월을 계추(季秋)라 한다.

• 미랭(微冷)

아직 늦더위가 남아 있어 찬 기운이 미미하다는 뜻으로 음력 칠월을 달리 부르는 말이다.

• 비월(否月)

비(否)는 『주역(周易)』의 괘(卦) 이름이며, 비월은 하늘과 땅의 음양(陰陽)이 서로 통하지 않아 사물의 기운이 꽉 막힌 달이라는 뜻이다.

• 상월(相月)

『이아(爾雅)』「석천편(釋天篇)」에 7월은 상(相)이라 하였다. 상(相)은 인도(引導)하는 것이니 여러 음(陰)의 기운을 이끌어 위로 올라가 장차 음기(陰氣)가 왕성해진다는 뜻으로 음력 칠월을 상월이라 하였다.

- 상추(上秋)

가을이 시작된다는 뜻이며 수추(首秋)라고도 한다.

- 소추(小秋)

가을 석 달 중 음력 칠월을 말하며, 팔월을 중추(中秋), 또는 중추(仲秋), 구월
을 대추(大秋)라고 한다.

- 신량(新凉)

음력 칠월이면 서늘한 기운이 돈다 하여 붙여진 이름이다.

- 신월(申月)

신(申)은 십이간지(十二干支) 중 아홉 번째에 해당하지만 지금의 음력은 중국
하(夏)나라에서 12지의 세 번째인 인(寅)을 정월로 삼았던 것을 사용하기 때
문에 신(申)은 칠월에 해당하므로 신월이라 한다. 홍만선(洪萬選)의 『산림경
제(山林經濟)』(권4)에 "신월(申月)은 칠월이라 한다"고 하였다.

- 양월(凉月)

서늘한 바람이 불어오는 달이라는 칠월을 말하며, 양천(凉天)이라고도 한다.
중국 진(秦)나라 여불위(呂不韋)의 『여씨춘추(呂氏春秋)』 「맹추기(孟秋紀)」에
"凉風至 白露降寒 蟬鳴"이라 하였다. 즉, 서늘한 바람이 불고 찬 이슬이 내리
며 쓰르라미가 운다고 하였다.

- 오월(梧月)

칠월이 되면 오동나무 잎이 떨어지기 시작하는 달이라 하여 붙여진 이름이며,
오추(梧秋) 또는 동월(桐月)이라고도 한다.

- 유화(流火)

화성(火星)이 유월에 남쪽에 나타났다가 칠월이 되어 서쪽으로 이동한 달이

라는 뜻으로 음력 7월을 유화라고 하였다. 『시경(詩經)』 「빈풍(豳風) 칠월편」에 "칠월유화(七月流火)"라는 구절이 있다.

• 이칙(夷則)

이칙은 동양음악의 십이율(十二律) 중 아홉 번째에 해당되며, 중국 고대 역법 (曆法)에서 12율을 각각 열두 달에 배속시켰는데, 첫 음(音)인 황종(黃鐘)을 양(陽)의 기운이 처음 생기는 동짓달에 배속시켰기 때문에 이칙은 칠월에 해 당된다.

• 조추(肇秋)

조(肇)는 시작을 뜻하는 글자로, 조추는 가을의 시작인 음력 칠월을 말한다.

• 조추(早秋)

이른 가을이라는 뜻으로, 음력 칠월을 달리 부르는 말이며, 상추(上秋), 맹추 (孟秋), 초추(初秋)라고도 한다.

• 초추(初秋)

첫 가을이라는 말로 음력 칠월을 다르게 부르는 말이다. 음력 열두 달을 사계 절로 나누면 1~3월은 봄(春), 4~6월은 여름(夏), 7~9월은 가을(秋), 10~12월 은 겨울(冬)이라 하고 각 계절에 속한 석 달을 나누어 첫 달을 초(初), 또는 맹 (孟), 두 번째 달을 중(仲) 또는 중(中), 마지막 달을 만(晩), 모(暮) 또는 계(季) 라고 한다.

8월

• 완월(玩月)

달을 감상한다는 뜻으로 음력 팔월을 달리 부르는 말이다.

- 월석(月夕)

  추석날 보름달은 어느 때보다 유난히 밝고 둥글기 때문에 음력 팔월을 월석이라고도 한다.

- 중추절(仲秋節)

  중추(仲秋)는 가을 석 달 중 중간달을 뜻하고 절(節)은 우리나라 4대 명절의 하나인 한가위, 곧 추석을 이르는 말로 음력 팔월을 상징하는 말이다.

9월

- 계상(季商)

  계(季)는 끝이라는 뜻으로, 각 계절마다 마지막 달을 말하며 상(商)은 오음(五音 : 宮, 商, 角, 徵, 羽) 중 하나로 사계절 중 가을에 해당한다. 따라서 계상 또는 모상(暮商)은 가을 석 달(7월, 8월, 9월) 중 마지막 달인 음력 9월을 말하며, 모추(暮秋), 말추(末秋), 모상이라고도 한다.

- 계추(季秋)

  가을의 마지막 달이라는 뜻으로 음력 9월을 달리 부르는 말이다.

- 국월(菊月)

  음력 9월이면 국화가 피는 달이므로 붙여진 이름이며, 국추(菊秋) 또는 국령(菊令)이라고도 한다.

- 궁추(窮秋)

  궁(窮)은 다했다는 뜻이며, 곧, 가을이 다 되었다는 의미로, 음력 9월을 달리 부르는 말이며, 만추(晩秋) 또는 노추(老秋)라고도 한다.

- 무역(無射)

음력 9월을 무역이라고도 하는데, 이것은 동양음악의 십이율(十二律) 중에서
열한 번째에 해당하는 달로서, 첫 음인 황종(黃鐘)을 양(陽)의 기운이 처음 생
기는 동짓달에 배속시켰기 때문에 무역은 9월에 해당된다.

- 박월(剝月)

『주역(周易)』의 64괘(卦) 중 박괘(剝卦)에 해당하는 달이므로 음력 9월을 달리
부르는 말이다. 박괘는 상괘(上卦)는 간괘(艮卦)이고 하괘(下卦)는 곤괘(坤卦)
로 이루어진 괘이다. 동짓달부터 양기(陽氣)가 처음 생겨난다고 하여 양효(陽
爻)가 아래에서 처음 생겨나는 복괘(復卦)를 음력 11월에 배속시켰으므로
박괘는 음력 9월에 해당된다.

- 상냉(霜冷)

찬 서리가 내리는 달이라는 뜻으로 음력 9월을 달리 부르는 말이며, 상강(霜
降) 또는 상후(霜候)라고도 한다.

- 상신(霜辰)

서리가 내리는 시기라는 뜻이며 음력 9월을 달리 부르는 말이다.

- 수의(授衣)

음력 9월이 되면 추운 겨울을 지내기 위해 겨우살이, 곧 옷이나 양식, 또는 땔
감 등을 준비하는 달이라는 뜻으로 음력 9월을 달리 부르는 말이다. 『시경(詩
經)』 「국풍(國風) 빈풍(豳風)」에 "七月流火 九月授衣"라는 구절이 있다.

- 술월(戌月)

술(戌)은 십이간지(十二干支) 중 열한 번째에 해당하는데 음력 9월을 달리 부
르는 말이다. 지금의 음력은 중국 하(夏)나라 때 12지(支)의 세 번째인 인(寅)
을 정월로 삼았던 것을 사용하기 때문에 술(戌)은 9월에 해당된다.

- 영월(詠月)

  영월은 영월조풍(詠月嘲風)의 줄임말로 음력 9월을 다르게 부르는 말이다. 즉, 달을 보고 노래하면서 바람에 읊조린다는 뜻이다.

- 잔추(殘秋)

  잔(殘)은 그 계절의 마지막 달을 뜻하는 말로서, 가을의 마지막 달인 음력 9월을 가리킨다.

- 중양(重陽)

  중양은 양수(陽數)인 9가 겹쳤다는 9월 9일로, 음력 9월을 상징하며, 중구(重九)라고도 한다. 즉, 9월 9일에는 시인묵객(詩人墨客)들이 정자 또는 야산에 올라 술과 음식, 그리고 국화를 술잔에 띄워 마시며 풍류(風流)를 즐겼다.

- 초추(杪秋)

  초(杪)는 나뭇가지의 끝이라는 뜻으로, 곧 계절의 마지막 달을 가리키는 말로서, 음력 9월을 달리 부르는 말이며, 추심(秋深) 또는 잔추(殘秋)라고도 한다.

- 추계(秋季)

  계(季)는 여럿 가운데 끝이라는 뜻으로, 추계는 가을의 끝이라는 의미로 음력 9월을 달리 부르는 말이며, 계추(季秋) 또는 만추(晚秋)·종추(終秋)라고도 한다.

- 추말(秋末)

  가을의 마지막 달이라는 뜻으로, 음력 9월을 다르게 부르는 말이다.

- 추상(秋霜)

  서리가 내리는 가을이라는 뜻으로, 음력 9월을 다르게 부르는 말이며, 상냉(霜冷)이라고도 한다. 중국 진(秦)나라 여불위(呂不韋)의 『여씨춘추(呂氏春秋)』 「효행람편(孝行覽篇)」에 "秋霜旣下 衆林皆嬴" 곧, "가을 서리가 이미 내리니 수

풀들이 모두 시드네"라고 한 구절이 있다.

- 추심(秋深)

가을이 깊어졌음을 뜻하는 말로서, 음력 9월을 달리 부르는 말이며 계추(季秋) 또는 모추(暮秋)라고도 한다.

- 풍신(楓辰)

단풍이 물드는 시기인 늦가을을 뜻하는 말로서, 음력 9월을 가리킨다. 신(辰)은 시기, 곧 때라는 의미로, 『시경(詩經)』 「소아(小雅) 소반(小弁)」 시에 "天之生我 我辰安在" 즉, "하늘이 나를 낳음이여 나의 좋았던 시기는 어디에 있는가"라는 구절이 있다.

- 현월(玄月)

현(玄)은 검다는 뜻이며, 음력 9월이 되면 만물(萬物)이 모두 시들어 검게 변한다는 데서 온 말로서, 『이아(爾雅)』 「석천편(釋天篇) 월명조(月名條)」에 "9월은 현(玄)"이라고 하였다. 따라서 현월은 9월을 달리 부르는 말이다. 그 「소(疏)」에 "九月萬物畢盡 陰氣侵寒 其色皆黑" 즉, "9월은 만물이 다 시들고 음기(陰氣)가 차가운 기운을 불러들여 그 색깔이 모두 검다"라고 하였다.

10월

- 개동(開冬)

개(開)는 연다는 뜻으로, 겨울이 처음 시작되는 음력 10월을 달리 부르는 말이며 맹동(孟冬)이라고도 한다.

- 곤월(坤月)

『주역(周易)』의 64괘(卦) 중 곤괘(坤卦)에 해당하는 달이므로 음력 10월의 별칭이다. 곤괘는 상괘(上卦)도 곤괘이고 하괘(下卦)도 곤괘로 이루어진 순음 (純陰)의 괘이다. 양효(陽爻)가 아래에서 처음 생겨나는 복괘(復卦)를 동짓달 에 배속시켰으므로 곤괘는 음력 10월에 해당된다.

• 동난(冬暖)

따뜻한 겨울이라는 뜻으로 음력 10월의 이칭(異稱)이며, 동훤(冬暄)이라고도 한다. 중국 당(唐)나라 시인 두보(杜甫)의 『집천가주두공부시집(集千家註杜工 部詩集)』에 "地蒸餘破扇 冬暖更纖絺" 즉, "찌는 듯한 더위에 찢어진 부채 버리 고 따뜻한 겨울에 갈옷을 갈아입네"라고 한 구절이 있다.

• 방동(方冬)

방(方)은 바야흐로의 뜻으로 겨울이 시작되는 음력 10월을 달리 부르는 말이 며, 개동 또는 초동(初冬)이라고도 한다. 두보(杜甫)의 시에 "方冬合沓玄陰塞 昨日晚晴今日黑" 즉, "방동이 되니 음산한 기운으로 가득 차 어제 저녁에는 개 더니 오늘은 검은 구름 생기네"라는 구절이 있다.

• 상달(上月)

일 년 농사가 마무리되고 햇곡식과 햇과실로 하늘과 조상께 감사의 예를 올리 는 달이며, 열두 달 가운데 으뜸 되는 달로 생각하여 상달이라 하였다.

• 상동(上冬)

상(上)은 각 계절의 첫째 달을 가리키는 말로 곧, 겨울의 석 달(10월, 11월, 12 월) 중 첫째 달인 음력 10월을 달리 부르는 말이며, 방동(方冬), 초동(初冬)이 라고도 한다.

• 소양춘(小陽春)

음력 10월은 날씨가 따뜻하여 봄날과 같기 때문에 붙여진 이름이며, 소춘(小 春) 또는 양월(陽月)이라고도 한다. 중국 당(唐)나라 서견(徐堅)의 「초학기(初

學記)」에 "十月天時暖似春 故曰 十月爲陽月故 又名小陽春" 즉, "10월은 양월(陽月)이기 때문에 소양춘이라 한다"라는 구절이 있다.

- 양월(良月)

햇곡식을 수확하여 하늘과 조상께 감사의 예를 올리는 때로 열두 달 가운데 으뜸가는 달로 생각하여 10월의 별칭이며, 상월(上月)이라고도 한다.

- 양월(陽月)

음(陰)의 기운이 있는데도 양(陽)의 기운이 있는 달이라 하여 붙여진 이름이며, 『이아(爾雅)』 「석천편(釋天篇)」에 10월은 양(陽)이라 하였다.

- 응종(應鐘)

동양음악의 십이율(十二律) 중 응종은 열두 번째인데 첫 번째인 황종(黃鐘)을 11월, 곧 동짓달에 배속시켰으므로 응종은 열 번째에 해당되어 음력 시월을 응종이라고도 한다.

- 조동(肇冬)

조(肇)는 시작의 뜻으로, 겨울의 첫 달인 10월의 딴 이름이며, 맹동(孟冬)이라고도 한다.

- 초설(初雪)

첫눈이 내리는 달이라는 뜻으로 붙여진 이름이며, 10월은 24절후 중 소설(小雪)이 들어 있는 달이다.

11월

- 가월(葭月)

고대 중국에서는 갈대 줄기 속에 있는 엷은 막을 태운 재를 서로 다른 율관 속에 넣은 다음 나무상자 속에 넣어 3중의 밀실에 두고 어느 율관 속에 있는 재가 움직이는가를 관찰하여 절기를 알았는데 그 재가 처음 움직이는 달이라 뜻으로, 음력 11월의 다른 이름이다.

- 고월(辜月)

  고(辜), 고(故)와 같은 글자로 한 해가 거의 지나가 옛일이 되었다는 뜻으로, 음력 11월을 달리 부르는 이름이다. 『이아(爾雅)』「석천편(釋天篇) 월명조(月名條)」에 십일월은 고(辜)라 하였다.

- 기한(祈寒)

  기(祈)는 크다(祁)라는 의미이고 기한은 추위가 혹독한 달이라는 뜻으로 음력 십일월의 다른 이름이다.

- 남지(南至)

  해가 남쪽 극점에 이르렀다는 뜻으로 음력 11월의 다른 이름이며, 동지(冬至) 또는 지월(至月)이라고도 한다.

- 동짓달(冬至月)

  동지가 든 달이어서 붙여진 이름이며 양력으로 12월 22일경으로, 동짓달을 지월(至月)이라고도 하며 동짓날을 아세(亞歲)라 하여 팥죽을 쑤어 먹는 풍습이 있다.

- 복월(復月)

  동짓달부터 양기(陽氣)가 회복된다는 뜻으로 음력 11월의 다른 이름이며 신양(新陽) 또는 선양(線陽)이라고도 한다. 『주역(周易)』의 64괘(卦) 중 하나로 상괘는 곤괘(坤卦)이고 하괘는 진괘(震卦)이다. 64괘 중 12괘를 택하여 열두 달에 배속시켰는데 동짓달에 양기가 처음 생겨난다고 하여 복괘(復卦)를 11월에 배속시켜 붙여진 이름이다.

• 설한(雪寒)

눈이 내리고 추위가 심하다는 뜻으로 음력 11월을 달리 부르는 말이며, 성한 (盛寒)이라고도 한다.

• 신양(新陽)

『주역(周易)』의 복괘(復卦)에서 온 말이며 양(陽)의 기운이 새로 생겼다는 뜻으로, 음력 11월을 달리 부르는 말이다. 양복(陽復), 선양(線陽)이라고도 한다.

• 오동짓달

오동지는 동짓달 초순에 동지가 드는 달이다. 오동지를 애동지(兒冬至)라고도 하며, 동짓달에 오는 눈의 양을 보고 오월에 오는 비의 양을 헤아릴 수 있다 하여 오동지(五冬至)라는 말도 있다. 우리 민속에 애동지가 들면 아이들이 잘 자라고 매사에 좋다고 하며, 일부 지방에서는 팥죽을 쑤어먹지 않는다고 전해 온다.

• 응호(凝沍)

만물이 모두 얼어붙어 응결될 정도로 춥다는 뜻으로, 음력 11월을 달리 부르는 말이다.

• 자월(子月)

자(子)는 십이간지(十二干支) 중 첫 번째에 해당한다. 지금의 음력은 고대 중국 하(夏)나라 때 12지의 세 번째인 인(寅)을 정월로 삼았던 것을 사용하기 때문에 자(子)는 11월에 해당하며 11월의 다른 이름이 되었다.

• 정동(正冬)

음력 10월, 11월, 12월을 겨울이라 하는데 그중 11월은 양(陽)의 기운이 생겨나는, 곧 음양이 갖춰진 겨울이라는 뜻으로 음력 11월을 달리 부르는 말이다.

- 중동(仲冬)

  겨울의 가운데 달이라는 뜻으로 음력 11월을 달리 부르는 말이다. 『서경(書經)』「요전(堯典)」에 "日短星昴 以正仲冬…" 즉, "해가 짧은 것과 묘성(昴星)으로 겨울철(仲冬)을 바로잡으니…"라는 구절이 있다.

- 지월(至月)

  동지가 들어 있는 달이라는 뜻으로 음력 11월의 다른 이름이며 남지(南至)라고도 한다.

- 지한(至寒)

  동짓달 추위라는 뜻이며, 지호(至沍)라고도 한다.

- 창월(暢月)

  창(暢)은 차다, 충실하다는 뜻으로 음력 11월을 달리 부르는 말이다. 이달이 되면 우주(宇宙)의 만물(萬物)은 각각 충실해져서 더 이상의 자체 활동을 하지 않기 때문에 붙여진 이름이라 하며 주정(周正)이라고도 한다.

- 황종(黃鐘)

  동양음악의 십이율(十二律) 중에서 첫 번째에 해당하는 달이며, 음력 11월을 다른 이름으로 부르는 말이다. 이 십이율을 각각 열두 달에 배속시켰는데 양(陽)의 기운이 처음 생기는 동짓달부터 시작하였기 때문에 황종은 11월에 해당된다.

12월

- 가평(嘉平)

  음력 섣달에 지내는 제사 이름으로 납제(臘祭)라고도 하며 음력 12월의 별칭으로 납월(臘月), 극월(極月) 또는 청사(淸祀)라고도 한다.

• 계동(季冬)

겨울의 마지막 달이라는 뜻으로, 음력 12월의 별칭이며, 모동(暮冬) 또는 만동(晚冬)이라고도 한다.

• 궁기(窮紀)

궁(窮)은 다했다는 뜻이고 기(紀)는 일 년이라는 뜻으로, 곧 일 년이 다 지나갔다는 의미로 음력 12월을 달리 부르는 이름이며, 궁동(窮冬), 궁임(窮稔)이라고도 한다.

• 궁호(窮冱)

호(冱)는 얼음이 언다는 뜻으로, 겨울의 마지막 달을 의미하는 말이며, 음력 12월의 별칭이다.

• 납월(臘月)

납일(臘日)이 있는 달이어서 붙여진 이름이며 음력 12월의 별칭이다. 옛날에는 섣달에 사냥(獵)해서 납일에 여러 신(神)에게 제사를 지냈는데 이를 납제(臘祭)라 하였다.

• 대려(大呂)

동양음악의 십이율(十二律) 중에서 두 번째에 해당하는 달로서 음력 12월의 별칭이다. 중국 고대 역법(曆法)에서 12율을 각각 열두 달에 배속시켰는데 양(陽)의 기운이 처음 생기는 동짓달부터 시작하였기 때문에 대려는 12월에 해당된다.

• 도월(涂月)

도(涂)는 음력 12월의 다른 이름으로 한 해가 다 지나갔다는 뜻이며 제월(除月)이라고도 한다. 『이아(爾雅)』 「석천편(釋天篇) 월명조(月名條)」에 12월을

도(涂)라 하였다.

- **막달(末月)**

일 년 중 마지막 달이라는 뜻이며 음력 12월의 이칭(異稱)이다. 이달 그믐에는 구세배(舊歲拜) 수세(守歲)하는 풍습이 있다.

- **모세(暮歲)**

한 해가 저무는 때라는 의미로, 모절(暮節) 또는 절계(節季)라고도 하며 음력 12월의 별칭이다.

- **빙월(氷月)**

만물(萬物)이 모두 얼어붙은 달이라는 음력 12월을 달리 부르는 말이며, 잔호(殘沍), 혹한(酷寒)이라고도 한다.

- **사월(蜡月)**

사(蜡)는 고대 중국에서 한 해가 끝날 때 지내는 제사(蜡祭)이므로, 음력 12월의 별칭이며, 가평(嘉平) 또는 청사(淸祀)라고도 한다.

- **섣달**

한 해의 마지막 달인 음력 12월을 달리 부르는 말로 서웃달 또는 극월(極月)이라고도 한다.

- **세초(歲杪)**

초(杪)는 나뭇가지의 끝이라는 뜻이며 한 해의 마지막 시기로, 열두 달 가운데 끝에 있는 음력 12월의 별칭이며 초동(杪冬)이라고도 한다.

- **엄월(嚴月)**

추위가 위세를 떨치는 혹독한 달이라는 뜻이며, 소한(小寒)과 대한(大寒)이 들어 있는 달로 음력 12월의 별칭이다. 우리나라는 소한 때가 가장 추워서 속담에 "대한이 소한 집에 놀러 갔다가 얼어 죽었다"는 말이 있으며, 또 어떤 역경도 이겨내고자 한 속담으로 "소한 추위는 꾸어서라도 한다"는 말이 있다.

• 임월(臨月)

임(臨)은 『주역(周易)』의 64괘(卦) 중 하나로 상괘(上卦)는 곤괘(坤卦)이고 하괘(下卦)는 태괘(兌卦)인데, 64괘 중 12괘를 택하여 열두 달에 배속시켰는데 임괘는 12월에 해당되어 음력 12월을 임월이라고도 하였다.

• 절계(節季)

절(節)은 계절을 뜻하고 계(季)는 끝이라는 뜻으로, 곧 한 계절의 마지막 달이라는 의미이며 음력 12월의 별칭이다.

• 제월(除月)

제(除)는 마무리한다는 뜻이며 음력 12월을 달리 부르는 말이다. 섣달 그믐날 밤을 제석(除夕) 또는 제야(除夜)라고 한다.

• 초동(杪冬)

초(杪)는 가지 끝이라는 뜻이며 초동은 겨울의 끝이라는 의미로, 음력 12월의 별칭이며 세초(歲杪)라고도 한다.

• 축월(丑月)

축(丑)은 십이지(十二支) 중 두 번째에 해당되는데 지금의 음력은 중국 하(夏)나라 때 12지의 세 번째인 인(寅)을 정월로 삼았던 것을 사용하기 때문에 축은 12월에 해당되어 12월을 축월이라고도 한다.

• 혹한(酷寒)

혹한은 혹독하게 추운 달이라는 뜻으로, 음력 12월의 별칭이며, 극한(極寒) 또는 호한(沍寒)이라고도 한다.

〈윤달(閏月)의 이칭〉

- 가웃달

  가(加)와 웃(上)의 달(月)로서 한 달이 더 붙어 있는 달로, 곧 남는 달이라는 뜻이며 공달, 남의 달이라고도 한다. 태음력(太陰曆)에서 계절의 추이를 맞추기 위하여 평년의 12개월에다 한 달 더 보탠 달이다.

- 공짜 달

  공짜로 얻는 달이라는 뜻으로, 공달이라고도 한다.

- 그저 달

  일 년 열두 달 이외에 더 있는 달로서 그저 있으나 마나 한 달이라는 뜻에서 붙여진 이름이다.

- 남은 달

  일 년 열두 달 이외에 남아 있는 달이라는 의미로 붙여진 이름이다.

- 덤 달

  덤으로 더 있는 달이라는 뜻에서 붙여진 이름이다.

- 없는 달

  본래는 없었던 달이라는 의미로 붙여진 이름이다.

- 여벌 달

  여벌로 더 있는 달이라는 뜻에서 붙여진 이름이다.

- 우외 달

  우외는 이외(以外)의 방언(方言)으로, 곧 남는 달, 새로 생긴 달이라는 뜻에서 붙여진 이름이다.

• 윤사월(閏四月)

음력 사월에 윤달이 들어 있는 달이다.

참고문헌

- 국립민속박물관 민속연구과 편, 『한국세시풍속사전』, 5책, 국립민속박물관, 2004~2006.

- 金星元 편, 『韓國의 歲時風俗』, 明文堂, 1994.

- 『無形文化財 調査報告書』, 文化財廳, 2000.

- 『民俗藝術事典』, 韓國文化藝術振興院, 1979.

- 朴辰柱·沈雨晟 편저, 『無形文化財總覽』, 民學社, 1975.

- 『梵唄』, 韓國文化藝術振興院, 1980.

- 『살풀이춤』, 국립문화재연구소, 1998.

- 『서울 새남굿』, 국립문화재연구소, 1998.

- 서울특별시사편찬위원회 편저, 「무형문화재」(이재곤 집필), 『서울의 문화재』, 제5권, 서울특별시사편찬위원회, 2003.

- 서울특별시사편찬위원회 편저, 『서울六百年史』, 제5권, 「세시풍속」, 서울특별시, 1983.

- 『석전대제(釋奠大祭)』, 국립문화재연구소, 1998.

- 『세시풍속』, 한국문화재보호재단, 2003.

- 沈雨晟 저, 『男寺黨牌硏究』, 同和出版公社, 1974.

- 李錫浩 譯註, 『朝鮮歲時記』(洪錫謨, 『東國歲時記』, 金邁淳, 『洌陽歲時記』, 柳得恭, 『京都雜誌』, 동문선, 1991).

- 李殷杓 저, 『宗廟大祭』, 園白文化社, 1993.

- 任東權, 『韓國歲時風俗』, 瑞文堂, 1977.

- 한국민속사전편찬위원회 편, 『한국민속대사전』, 민중서관, 1998.

이재곤(李在崑)

한국민속학회, 한국사학회, 한국시조학회 등 회원
국사편찬위원회 사료조사위원
저서 : 서울의 전래동명, 서울의 민간신앙, 남산의 역사와 문화 외
역서 : 조선무속고, 조선해어화사, 조선신사지 외

세시풍속과 전통예술

2021년 1월 10일 초판 1쇄 인쇄
2021년 1월 15일 초판 1쇄 발행

지은이 이재곤
펴낸이 진욱상
펴낸곳 (주)백산출판사
교 정 성인숙
본문디자인 오정은
표지디자인 오정은

저자와의
합의하에
인지첩부
생략

등 록 2017년 5월 29일 제406-2017-000058호
주 소 경기도 파주시 회동길 370(백산빌딩 3층)
전 화 02-914-1621(代)
팩 스 031-955-9911
이메일 edit@ibaeksan.kr
홈페이지 www.ibaeksan.kr

ISBN 979-11-6567-229-4 03380
값 20,000원